Utilize este código QR para se cadastrar de forma mais rápida:

Ou, se preferir, entre em:

www.moderna.com.br/ac/livroportal
e siga as instruções para ter acesso
aos conteúdos exclusivos do
Portal e Livro Digital

12112851   Aluno 5990

CÓDIGO DE ACESSO:
A 00076 BUPHCEG1E 1 45975

Faça apenas um cadastro. Ele será válido para:

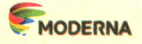  

CB052312

Da semente ao livro,
sustentabilidade por todo o caminho

Plantar florestas
A madeira que serve de matéria-prima para nosso papel vem de plantio renovável, ou seja, não é fruto de desmatamento. Essa prática gera milhares de empregos para agricultores e ajuda a recuperar áreas ambientais degradadas.

Fabricar papel e imprimir livros
Toda a cadeia produtiva do papel, desde a produção de celulose até a encadernação do livro, é certificada, cumprindo padrões internacionais de processamento sustentável e boas práticas ambientais.

Criar conteúdos
Os profissionais envolvidos na elaboração de nossas soluções educacionais buscam uma educação para a vida pautada por curadoria editorial, diversidade de olhares e responsabilidade socioambiental.

Construir projetos de vida
Oferecer uma solução educacional Moderna é um ato de comprometimento com o futuro das novas gerações, possibilitando uma relação de parceria entre escolas e famílias na missão de educar!

Taciro Comunicação, Alexandre Santana e Estúdio Pingado

 MODERNA

Fotografe o Código QR e conheça melhor esse caminho.
Saiba mais em **moderna.com.br/sustentavel**

BURITI Plus 1
INTERDISCIPLINAR
CIÊNCIAS, HISTÓRIA E GEOGRAFIA

Organizadora: Editora Moderna

Obra coletiva concebida, desenvolvida
e produzida pela Editora Moderna.

Editores Executivos:

Ana Claudia Fernandes

Cesar Brumini Dellore

DE ACORDO COM A
BNCC

NOME: ....

....TURMA: ....

ESCOLA: ....

....

1ª edição

MODERNA

© Editora Moderna, 2018

MODERNA

Elaboração dos originais

Fernanda Pereira Righi
Bacharel em Geografia pela Universidade Federal de Santa Maria. Mestra em Ciências, área de Geografia Humana, pela Universidade de São Paulo. Editora.

Mônica Torres Cruvinel
Bacharel em História pela Universidade de São Paulo. Editora.

Natalia Leporo
Licenciada em Ciências da Natureza pela Universidade de São Paulo. Mestra em Ciências, programa: Ensino de Ciências, pela Universidade de São Paulo. Editora.

Priscila Manfrinati
Bacharela em História pela Universidade de São Paulo. Editora.

Renata Amelia Bueno
Licenciada em Ciências Biológicas pela Universidade Estadual Paulista Júlio de Mesquita Filho. Mestra em Ciências, área de Dermatologia, pela Universidade de São Paulo. Editora.

Ana Carolina de Almeida Yamamoto
Bacharela e licenciada em Ciências Biológicas pela Universidade de São Paulo. Bacharela em Comunicação Social pela Universidade Anhembi Morumbi. Editora.

Juliana Maestu
Bacharel e licenciada em Geografia pela Universidade de São Paulo. Editora.

Letícia de Oliveira Raymundo
Bacharel e licenciada em História pela Universidade de São Paulo. Mestre em Ciências, programa: História Social, pela Universidade de São Paulo. Editora.

Lina Youssef Jomaa
Bacharel e licenciada em Geografia pela Universidade de São Paulo. Editora.

Lucimara Regina de Souza Vasconcelos
Bacharel e licenciada em História pela Universidade Federal do Paraná. Mestre em Letras, área de concentração em Teoria Literária, pelo Centro Universitário Campos de Andrade. Editora.

Maiara Oliveira Soares
Licenciada em Ciências da Natureza pela Universidade de São Paulo. Especialista em Tecnologias na Aprendizagem pelo Senac São Paulo. Editora.

Thiago Macedo de Abreu Hortêncio
Bacharel em Ciências Biológicas pela Universidade de São Paulo. Editor.

Ana Elisa Almeida
Licenciada em Pedagogia pela Universidade de São Paulo. Terapeuta ocupacional pelo Centro Universitário São Camilo. Professora.

Jogo de apresentação das _7 atitudes para a vida_

Gustavo Barreto
Formado em Direito pela Pontifícia Universidade Católica (SP). Pós-graduado em Direito Civil pela mesma instituição. Autor dos jogos de tabuleiro (_boardgames_) para o público infantojuvenil: Aero, Tinco, Dark City e Curupaco.

Coordenação editorial: Fernanda Pereira Righi, Marisa Martins Sanchez, Mônica Torres Cruvinel, Natalia Leporo
Edição de texto: Fernanda Pereira Righi, Mônica Torres Cruvinel, Natalia Leporo, Priscila Manfrinati, Renata Amelia Bueno, Dafne Lavinas Soutto
Preparação de texto: Olivia Maria Neto
Gerência de _design_ e produção gráfica: Everson de Paula
Coordenação de produção: Patricia Costa
Suporte administrativo editorial: Maria de Lourdes Rodrigues
Coordenação de _design_ e projetos visuais: Marta Cerqueira Leite
Projeto gráfico: Daniel Messias, Daniela Sato, Mariza de Souza Porto
Capa: Daniel Messias, Otávio dos Santos, Mariza de Souza Porto, Cristiane Calegaro
    Ilustração: Raul Aguiar
Coordenação de arte: Denis Torquato
Edição de arte: Andréia Crema
Editoração eletrônica: Casa Crema
Coordenação de revisão: Elaine Cristina Del Nero
Revisão: Ana Cartazzo, Ana Paula Felippe, Dirce Y. Yamamoto, Nair H. Kayo, Renata Brabo e Salete Brentan
Coordenação de pesquisa iconográfica: Luciano Baneza Gabarron
Pesquisa iconográfica: Evelyn Torrecilla, Flávia Aline de Morais, Tempo Composto e Vanessa Manna
Coordenação de _bureau_: Rubens M. Rodrigues
Tratamento de imagens: Joel Aparecido, Luiz Carlos Costa, Marina M. Buzzinaro
Pré-impressão: Alexandre Petreca, Everton L. de Oliveira, Marcio H. Kamoto, Vitória Sousa
Coordenação de produção industrial: Wendell Monteiro
Impressão e acabamento: HRosa Gráfica e Editora
Lote: 752857
Cod: 12112851

Dados Internacionais de Catalogação na Publicação (CIP)
(Câmara Brasileira do Livro, SP, Brasil)

Buriti plus interdisciplinar : ciências, história e geografia / organizadora Editora Moderna ; obra coletiva, concebida, desenvolvida e produzida pela Editora Moderna — 1. ed. – São Paulo : Moderna, 2018. – (Projeto Buriti)

Obra em 1 v. para alunos do 1º ano.

1. Ciências (Ensino fundamental) 2. Geografia (Ensino fundamental) 3. História (Ensino fundamental)

18-17021   CDD-372.19

Índices para catálogo sistemático:
1. Ensino integrado : Livros-texto : Ensino fundamental   372.19

Maria Alice Ferreira - Bibliotecária - CRB-8/7964

ISBN 978-85-16-11285-1 (LA)
ISBN 978-85-16-11286-8 (GR)

EDITORA MODERNA LTDA.
Rua Padre Adelino, 758 – Belenzinho
São Paulo – SP – Brasil – CEP 03303-904
Vendas e Atendimento: Tel. (0_ _11) 2602-5510
Fax (0_ _11) 2790-1501
www.moderna.com.br
2022
Impresso no Brasil

1 3 5 7 9 10 8 6 4 2

QUE TAL COMEÇAR O ANO CONHECENDO SEU LIVRO?

VEJA NAS PÁGINAS 6 E 7 COMO ELE ESTÁ ORGANIZADO.
NAS PÁGINAS 8 E 9, VOCÊ FICA SABENDO OS ASSUNTOS
QUE VAI ESTUDAR.

NESTE ANO, TAMBÉM VAI CONHECER E COLOCAR EM AÇÃO
ALGUMAS ATITUDES QUE AJUDARÃO VOCÊ A CONVIVER MELHOR
COM AS PESSOAS E A SOLUCIONAR PROBLEMAS.

7 ATITUDES PARA A VIDA

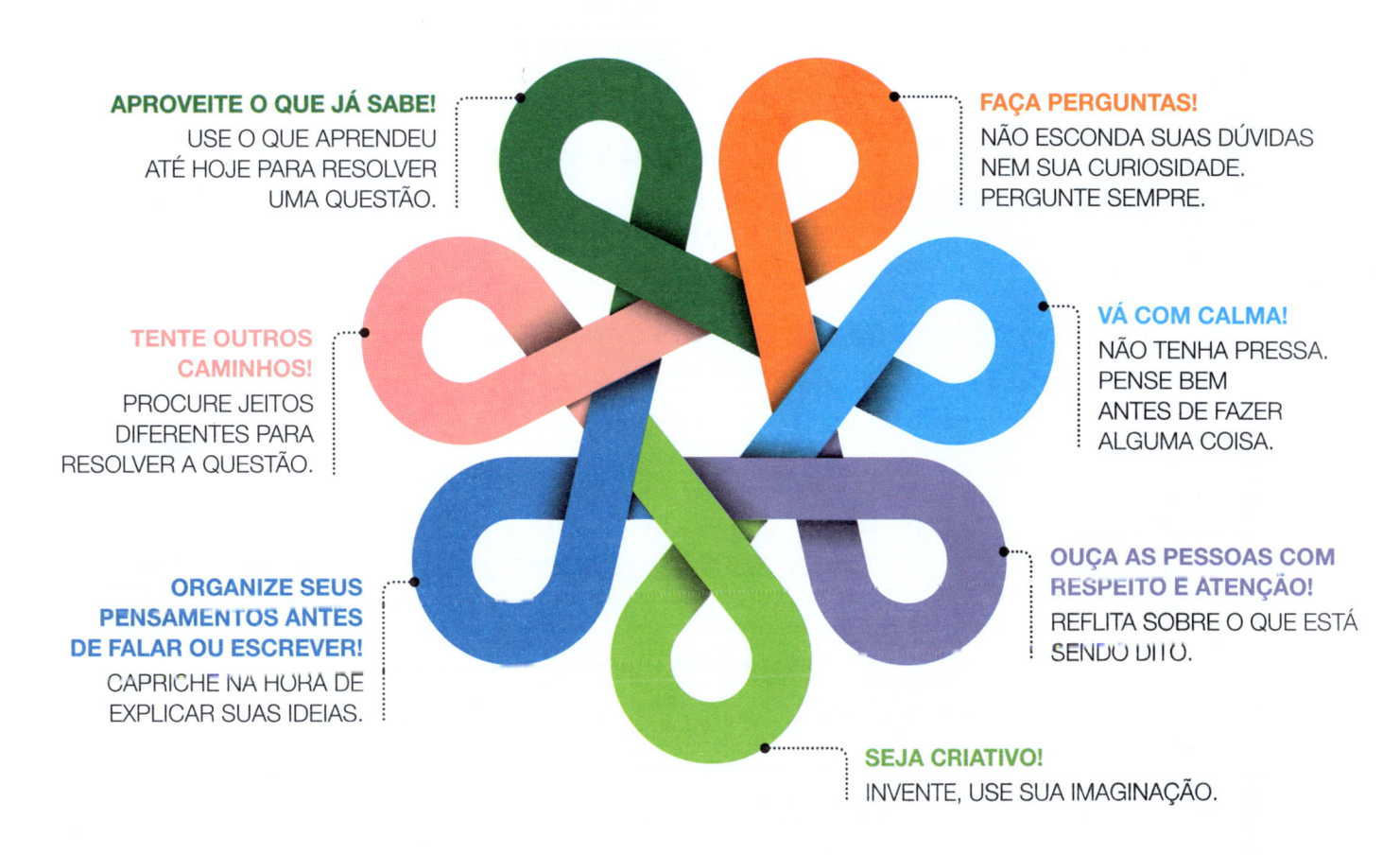

APROVEITE O QUE JÁ SABE!
USE O QUE APRENDEU
ATÉ HOJE PARA RESOLVER
UMA QUESTÃO.

FAÇA PERGUNTAS!
NÃO ESCONDA SUAS DÚVIDAS
NEM SUA CURIOSIDADE.
PERGUNTE SEMPRE.

**TENTE OUTROS
CAMINHOS!**
PROCURE JEITOS
DIFERENTES PARA
RESOLVER A QUESTÃO.

VÁ COM CALMA!
NÃO TENHA PRESSA.
PENSE BEM
ANTES DE FAZER
ALGUMA COISA.

**ORGANIZE SEUS
PENSAMENTOS ANTES
DE FALAR OU ESCREVER!**
CAPRICHE NA HORA DE
EXPLICAR SUAS IDEIAS.

**OUÇA AS PESSOAS COM
RESPEITO E ATENÇÃO!**
REFLITA SOBRE O QUE ESTÁ
SENDO DITO.

SEJA CRIATIVO!
INVENTE, USE SUA IMAGINAÇÃO.

NAS PÁGINAS 4 E 5, HÁ UM JOGO PARA VOCÊ COMEÇAR A PRATICAR
CADA UMA DESSAS ATITUDES. DIVIRTA-SE!

QUEBRA-CABEÇA

1. DESTAQUE COM ATENÇÃO AS PEÇAS PRETAS DA PÁGINA 161.

2. CUBRA CADA QUADRADO DA PÁGINA AO LADO COM UMA PEÇA PRETA DE ACORDO COM ESTAS REGRAS:

   ✔ NO QUADRADO 1, DEVE APARECER APENAS UM CACHORRO.

   ✔ NO QUADRADO 2, DEVE APARECER APENAS O GATO.

   ✔ NO QUADRADO 3, DEVEM APARECER APENAS AS JOANINHAS.

3. DEPOIS DE COBRIR TODOS OS QUADRADOS, O PROFESSOR VAI ORIENTÁ-LO NA CRIAÇÃO DE UM NOVO QUEBRA-CABEÇA. QUE TAL DESAFIAR OS COLEGAS?

FIQUE ATENTO A ESTAS ATITUDES

OUÇA AS PESSOAS COM ATENÇÃO E RESPEITO!
PRESTE BASTANTE ATENÇÃO NAS EXPLICAÇÕES DO PROFESSOR E OUÇA AS DÚVIDAS DOS COLEGAS. ELAS VÃO AJUDÁ-LO A COMPREENDER AS REGRAS.

VÁ COM CALMA!
OBSERVE BEM O FORMATO DAS PEÇAS PRETAS E ONDE ESTÃO OS DESENHOS QUE DEVEM FICAR APARECENDO.

TENTE OUTROS CAMINHOS!
EXPERIMENTE VIRAR AS PEÇAS PARA UM LADO E PARA O OUTRO. NÃO DESISTA!

ORGANIZE SEUS PENSAMENTOS!
OBSERVE UM QUADRADO DE CADA VEZ E ANALISE AS PEÇAS PRETAS COM ATENÇÃO ANTES DE COMEÇAR.

FAÇA PERGUNTAS!
SE TIVER ALGUMA DÚVIDA, PERGUNTE AO PROFESSOR.

APROVEITE O QUE JÁ SABE!
DEPOIS QUE VOCÊ ENCONTRAR A PEÇA DO PRIMEIRO QUADRADO, OS PRÓXIMOS SERÃO MAIS FÁCEIS.

SEJA CRIATIVO!
CRIE SEU QUEBRA-CABEÇA DO MODO QUE QUISER!

ILUSTRAÇÕES: FABIANA FAIALLO

1

2

3

PREENCHA O QUADRO COMO QUISER.

SEU LIVRO ESTÁ DIVIDIDO EM 4 UNIDADES. VEJA O QUE VOCÊ VAI ENCONTRAR NELE.

ABERTURA DA UNIDADE

NAS PÁGINAS DE ABERTURA, VOCÊ VAI EXPLORAR IMAGENS E PERCEBER QUE JÁ SABE MUITAS COISAS!

INVESTIGAR O ASSUNTO

NAS PÁGINAS DESSA SEÇÃO, VOCÊ VAI USAR DIFERENTES ESTRATÉGIAS PARA INVESTIGAR O ASSUNTO DA UNIDADE.

CAPÍTULOS E ATIVIDADES

VOCÊ APRENDERÁ MUITAS COISAS NOVAS ESTUDANDO OS CAPÍTULOS E RESOLVENDO AS ATIVIDADES!

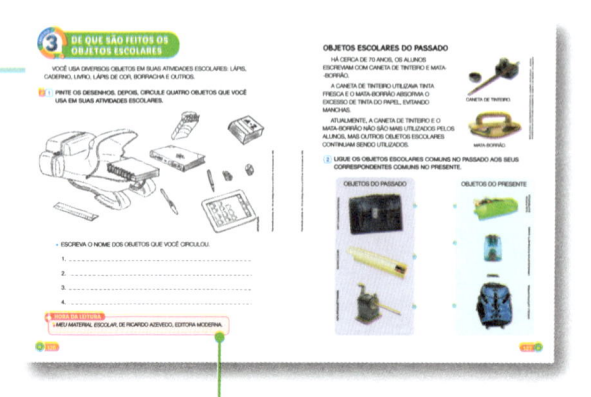

EM *HORA DA LEITURA*, VOCÊ VAI ENCONTRAR INDICAÇÕES DE LIVROS SOBRE OS CAPÍTULOS DA UNIDADE.

ATIVIDADE PRÁTICA

NESSA SEÇÃO, VOCÊ VAI FAZER ENTREVISTAS, EXPERIMENTOS, PESQUISAS, ENTRE OUTRAS ATIVIDADES.

 ## O MUNDO QUE QUEREMOS

NESSA SEÇÃO, VOCÊ VAI LER E REFLETIR SOBRE COMO VALORIZAR E RESPEITAR DIFERENTES CULTURAS, PRESERVAR A NATUREZA E CUIDAR DA SAÚDE.

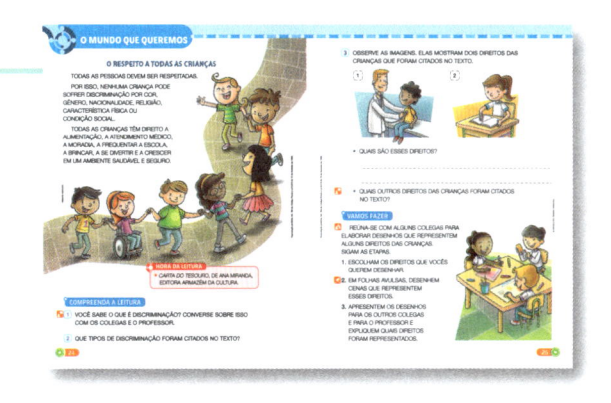

 ## PAINEL MULTICULTURAL

NAS PÁGINAS DESSA SEÇÃO, VOCÊ VAI CONHECER MODOS DE VIDA, PAISAGENS E DIFERENTES ASPECTOS DA CULTURA E DAS ATIVIDADES HUMANAS NO BRASIL E NO MUNDO.

 ## ÍCONES UTILIZADOS

PARA INDICAR COMO REALIZAR ALGUMAS ATIVIDADES:

| ATIVIDADE ORAL | ATIVIDADE EM DUPLA | ATIVIDADE EM GRUPO | DESENHO OU PINTURA |

PARA INDICAR 7 ATITUDES PARA A VIDA:  | PARA INDICAR OBJETOS DIGITAIS:

SUMÁRIO

VANESSA ALEXANDRE

PEDRO

MATEUS

ANA

GABRIEL

LORENA

ARTUR

YASMIM

GUILHERME

ISABELA

JOÃO

VAMOS CONVERSAR

1. QUAIS DIFERENÇAS VOCÊ OBSERVA ENTRE AS CRIANÇAS?
2. ALGUMA DESSAS CRIANÇAS SE PARECE COM VOCÊ? EM QUÊ?
3. PINTE O SEU NOME OU O NOME DE ALGUÉM QUE VOCÊ CONHECE.

INVESTIGAR O ASSUNTO

COMO EU SOU

QUAL É A COR DOS SEUS CABELOS? E A COR DOS SEUS OLHOS?

QUAL É A SUA FRUTA FAVORITA? QUAL É A MÚSICA DE QUE VOCÊ MAIS GOSTA?

VOCÊ JÁ OBSERVOU COMO VOCÊ É? QUAIS SÃO SUAS CARACTERÍSTICAS E SUAS PREFERÊNCIAS?

E OS SEUS COLEGAS, COMO ELES SÃO E DO QUE GOSTAM?

QUE TAL PREENCHER UMA FICHA PARA SE APRESENTAR E CONHECER OS COLEGAS?

COMO FAZER

1. RECORTE E PREENCHA A FICHA DA PÁGINA 163.

2. COM A AJUDA DO PROFESSOR, EXPONHA A FICHA PREENCHIDA NA SALA DE AULA.

3. LEIA AS FICHAS DE SEUS COLEGAS E RESPONDA ÀS QUESTÕES DA PÁGINA AO LADO.

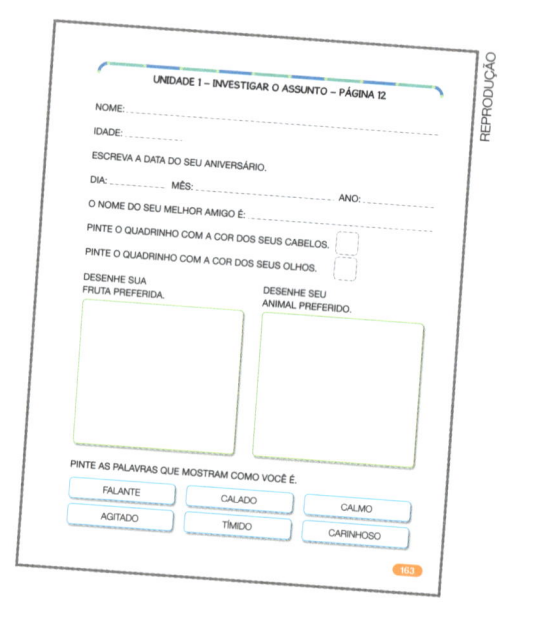

PARA RESPONDER

1 ALGUM COLEGA TEM O MESMO NOME QUE VOCÊ?

☐ SIM   ☐ NÃO

2 ALGUM COLEGA FAZ ANIVERSÁRIO NA MESMA DATA QUE VOCÊ? ESCREVA O NOME DELE.

_____

3 ALGUM COLEGA TEM A MESMA COR DE CABELO QUE VOCÊ? ESCREVA O NOME DELE.

_____

4 PINTE OS QUADRINHOS COM AS CORES DE OLHOS QUE APARECERAM NAS FICHAS DE SEUS COLEGAS.

☐ ☐ ☐ ☐ ☐

5 QUANTOS COLEGAS GOSTAM DA MESMA FRUTA QUE VOCÊ? ☐

- QUANTOS COLEGAS GOSTAM DO MESMO ANIMAL? ☐

6 ESCREVA UMA PALAVRA QUE APARECEU NA FICHA E QUE MOSTRA COMO VOCÊ É.

_____

_____

7 EM SUA OPINIÃO, COMO SERIA A TURMA SE TODOS OS COLEGAS FOSSEM IGUAIS E GOSTASSEM DAS MESMAS COISAS?

EDDE WAGNER

TUDO TEM NOME

O NOME IDENTIFICA TODAS AS COISAS QUE EXISTEM.

OBJETOS, ANIMAIS E FLORES TÊM NOME.

CADA TIPO DE FLOR, POR EXEMPLO, RECEBE UM NOME.

ANIMAÇÃO
TUDO TEM NOME

ROSA

HORTÊNSIA

CRAVO

ILUSTRAÇÕES: LÉO FANELLI

1 ESCREVA O NOME DE CADA OBJETO.

_____   _____   _____

OS LUGARES, COMO OS BAIRROS, OS MUNICÍPIOS E OS PAÍSES, TAMBÉM TÊM NOME.

A IMAGEM AO LADO MOSTRA O MUNICÍPIO DO RECIFE, ÀS MARGENS DO RIO CAPIBARIBE. VOCÊ PERCEBEU QUE OS RIOS TAMBÉM TÊM NOME?

HANS VON MANTEUFFEL/PULSAR IMAGENS

MUNICÍPIO DO RECIFE, NO ESTADO DE PERNAMBUCO, EM 2015.

2 QUAL É O NOME DO LUGAR ONDE VOCÊ VIVE?

AS PESSOAS TAMBÉM TÊM NOME. É POR MEIO DO NOME QUE ELAS SÃO IDENTIFICADAS.

O NOME FAZ PARTE DA HISTÓRIA DE CADA PESSOA.

3 PINTE AS LETRAS DO SEU NOME.

A B C D E F G H I
J K L M N O P
Q R S T U V
W X Y Z

- AGORA, ESCREVA O SEU NOME.

_____

ALÉM DO NOME, A MAIORIA DAS PESSOAS TEM SOBRENOME.

O SOBRENOME IDENTIFICA A FAMÍLIA À QUAL NÓS PERTENCEMOS. ELE TAMBÉM AJUDA A DIFERENCIAR AS PESSOAS COM O MESMO NOME.

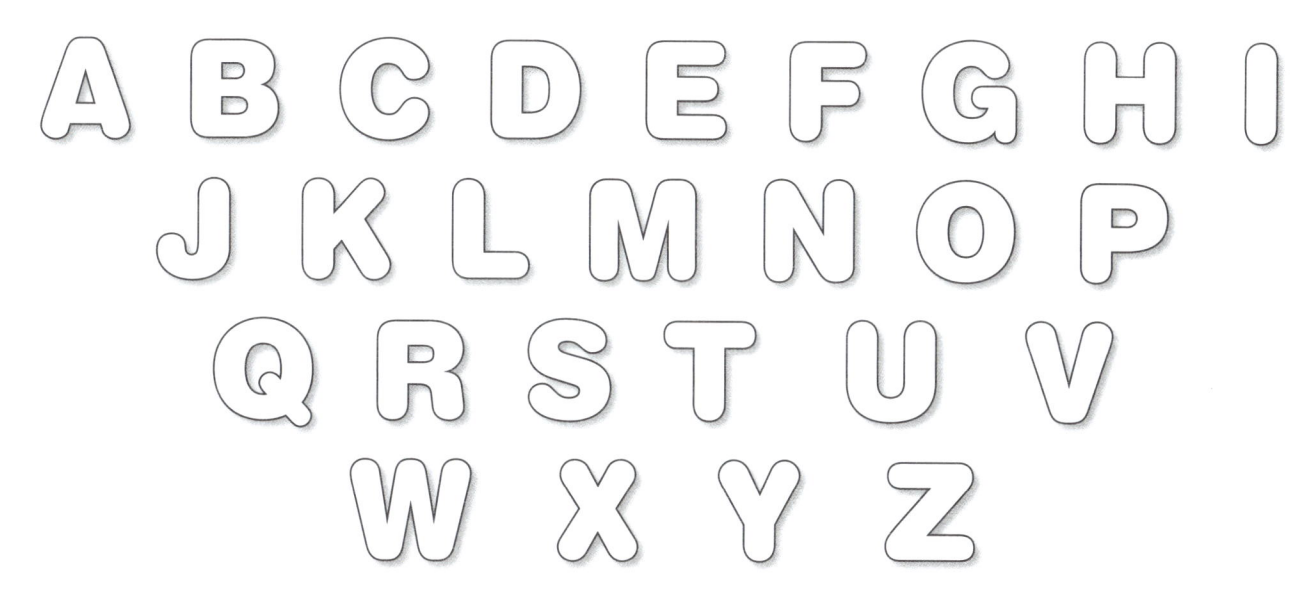

4 ESCREVA O SEU SOBRENOME.

_____

A ESCOLHA DO NOME

A ESCOLHA DO NOME DE CADA PESSOA TEM UMA HISTÓRIA E PODE SER FEITA DE DIFERENTES MANEIRAS.

CONHEÇA A HISTÓRIA DA ESCOLHA DO NOME DE MARCELO, UM MENINO MUITO ESPERTO E CURIOSO.

O NOME DE MARCELO

— MAMÃE, POR QUE É QUE EU ME CHAMO MARCELO?

— ORA, MARCELO FOI O NOME QUE EU E SEU PAI ESCOLHEMOS.

— E POR QUE É QUE NÃO ESCOLHERAM MARTELO?

— AH, MEU FILHO, MARTELO NÃO É NOME DE GENTE! É NOME DE FERRAMENTA...

— POR QUE É QUE NÃO ESCOLHERAM MARMELO?

— PORQUE MARMELO É NOME DE FRUTA, MENINO!

— E A FRUTA NÃO PODIA CHAMAR MARCELO, E EU CHAMAR MARMELO?

RUTH ROCHA. *MARCELO, MARMELO, MARTELO E OUTRAS HISTÓRIAS.* SÃO PAULO: SALAMANDRA, 2011. P. 9. (TÍTULO ADAPTADO.)

ALEXANDRE DUBIELA

5 QUEM ESCOLHEU O NOME DE MARCELO?

_____

_____

6 POR QUE ELES NÃO ESCOLHERAM O NOME MARTELO PARA O MENINO?

_____

_____

• POR QUE ELES NÃO ESCOLHERAM MARMELO?

_____

_____

_____

MARMELOS.

VOCÊ CONHECEU COMO O NOME DE MARCELO FOI ESCOLHIDO. QUE TAL DESCOBRIR A HISTÓRIA DA ESCOLHA DO SEU NOME?

7 CONVERSE COM SEUS FAMILIARES PARA DESCOBRIR COMO SEU NOME FOI ESCOLHIDO. VOCÊ PODE PERGUNTAR:

> ✔ QUEM ESCOLHEU O MEU NOME?
> ✔ POR QUE ESSE NOME FOI ESCOLHIDO?
> ✔ O MEU NOME TEM ALGUM SIGNIFICADO? QUAL?

• CONTE O QUE VOCÊ DESCOBRIU SOBRE A ESCOLHA DO SEU NOME AOS COLEGAS E AO PROFESSOR.

• QUE DIFERENÇAS HÁ ENTRE A ESCOLHA DO SEU NOME E A ESCOLHA DO NOME DE MARCELO?

MINHA HISTÓRIA

AS SUAS MEMÓRIAS AJUDAM A CONHECER A HISTÓRIA DE SUA VIDA. AFINAL, HÁ COISAS QUE SÓ VOCÊ SABE SOBRE VOCÊ!

8 LEIA O TEXTO A SEGUIR SOBRE AS MEMÓRIAS DE UMA MENINA E DEPOIS RESPONDA ÀS QUESTÕES.

QUANDO EU COMECEI A CRESCER

NAQUELE TEMPO EU ERA PEQUENA, TINHA UNS 6 OU 7 ANOS. EU ERA A MENORZINHA DA TURMA DA MINHA RUA.

EU VIVIA CORRENDO ATRÁS DOS GRANDES.

[...] A GENTE PODIA BRINCAR À VONTADE, O DIA TODO, DE PEGADOR, DE RODA, DE BICICLETA. QUER DIZER, OS MAIORES ANDAVAM DE BICICLETA.

EU NÃO, QUE EU NÃO TINHA BICICLETA. MAS EU ESTAVA LOUCA PARA GANHAR UMA. [...]

RUTH ROCHA. *QUANDO EU COMECEI A CRESCER*. SÃO PAULO: SALAMANDRA, 2009. P. 5 E 6.

- DO QUE A MENINA DO TEXTO BRINCAVA?

_____

 • PINTE O NOME DO BRINQUEDO QUE ELA QUERIA GANHAR DE PRESENTE.

| BONECA | BOLA | BICICLETA | BAMBOLÊ |

A **LINHA DO TEMPO** É UMA MANEIRA DE ORGANIZAR AS MEMÓRIAS DE SUA VIDA, DESDE AS MAIS ANTIGAS ATÉ AS MAIS RECENTES.

9 COLE OS ADESIVOS DA PÁGINA 170 PARA ORGANIZAR AS MEMÓRIAS DE PAULO EM UMA LINHA DO TEMPO.

2 ANOS

DORMIA COM MEU URSO DE PELÚCIA.

3 ANOS

APRENDI A JOGAR FUTEBOL COM MEU PAI.

4 ANOS

GANHEI UMA BICICLETA E APRENDI A PEDALAR.

5 ANOS

FOI A PRIMEIRA VEZ QUE FUI À ESCOLA.

6 ANOS

GANHEI UMA MEDALHA DE PRATA NA NATAÇÃO.

7 ANOS

VIAJEI PARA A PRAIA COM UM AMIGO E SUA FAMÍLIA.

10 AGORA É A SUA VEZ DE ORGANIZAR UMA LINHA DO TEMPO.

✔ ESCOLHA ALGUMAS MEMÓRIAS DA SUA VIDA E ORGANIZE-AS DE ACORDO COM A DATA.

✔ EM SEGUIDA, FAÇA DESENHOS PARA REPRESENTAR CADA MEMÓRIA.

• COMPARE A SUA LINHA DO TEMPO COM A DE UM COLEGA. O QUE VOCÊ DESCOBRIU?

VARAL DAS MINHAS MEMÓRIAS

VOCÊ ESTÁ CRESCENDO E JÁ VIVEU BASTANTE COISA, NÃO É MESMO?

É POSSÍVEL QUE ALGUNS MOMENTOS DA SUA VIDA TENHAM SIDO REGISTRADOS EM FOTOGRAFIAS.

ALGUNS OBJETOS QUE VOCÊ USOU QUANDO ERA MAIS NOVO, COMO ROUPAS E BRINQUEDOS, TAMBÉM PODEM TER SIDO GUARDADOS POR FAMILIARES.

QUE TAL MONTAR UM VARAL DAS SUAS MEMÓRIAS COM ESSAS FOTOGRAFIAS E ESSES OBJETOS?

MATERIAL

- ✔ FOTOGRAFIAS SUAS EM DIFERENTES IDADES
- ✔ OBJETOS QUE VOCÊ USAVA QUANDO ERA MAIS NOVO
- ✔ BARBANTE
- ✔ PRENDEDORES DE ROUPAS

COMO FAZER

1. COM A AJUDA DE SEUS FAMILIARES, IDENTIFIQUE A IDADE QUE TINHA EM CADA FOTOGRAFIA E QUANDO USAVA CADA OBJETO SELECIONADO.

VANESSA ALEXANDRE

2. ORGANIZE AS FOTOGRAFIAS E OS OBJETOS DO MAIS ANTIGO PARA O MAIS RECENTE. PRENDA AS FOTOGRAFIAS E OS OBJETOS NO BARBANTE COM OS PRENDEDORES DE ROUPAS.

3. COM A AJUDA DO PROFESSOR, FIXE O BARBANTE NAS PAREDES DA SALA DE AULA. O VARAL DE SUAS MEMÓRIAS ESTÁ PRONTO!

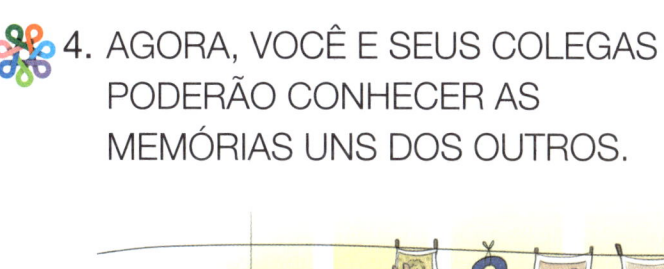

4. AGORA, VOCÊ E SEUS COLEGAS PODERÃO CONHECER AS MEMÓRIAS UNS DOS OUTROS.

OBSERVE COM RESPEITO AS MEMÓRIAS DE SEUS COLEGAS. ESSA ATITUDE PODE SER UMA FORMA DE CONHECÊ-LOS MELHOR.

PARA RESPONDER

1. QUAL FOTOGRAFIA OU OBJETO É O SEU PREFERIDO? POR QUÊ?

2. O QUE MUDOU EM SEU CORPO NA PRIMEIRA E NA ÚLTIMA FOTOGRAFIA DO SEU VARAL?

3. OBSERVE OS VARAIS DOS SEUS COLEGAS E RESPONDA ÀS QUESTÕES.
   - EM QUE ELES SÃO SEMELHANTES AO SEU VARAL?
   - EM QUE ELES SÃO DIFERENTES?

AS PESSOAS SÃO DIFERENTES

ALGUMAS PESSOAS SÃO ALTAS, OUTRAS SÃO BAIXAS. ALGUMAS TÊM CABELOS ENROLADOS, OUTRAS TÊM CABELOS LISOS.

ESSAS E OUTRAS DIFERENÇAS, COMO A COR DOS OLHOS E DA PELE, E O FORMATO DAS ORELHAS E DO NARIZ, TORNAM CADA PESSOA ÚNICA.

11 DESENHE OU COLE UMA FOTOGRAFIA MOSTRANDO COMO VOCÊ É.

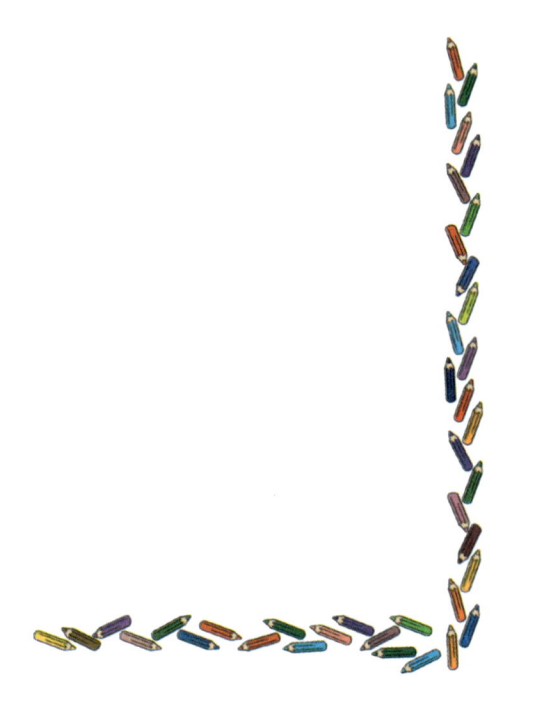

ALBERTO DE STEFANO

- AGORA, OBSERVE O PROFESSOR E OS COLEGAS DE SUA TURMA. O QUE ELES TÊM DE PARECIDO COM VOCÊ? E DE DIFERENTE?

CADA UM TEM UM JEITO DE SER

ALÉM DAS DIFERENTES CARACTERÍSTICAS FÍSICAS, CADA PESSOA TEM UM JEITO DE PENSAR, DE AGIR, DE SE VESTIR E DE FALAR. CADA UM TEM OPINIÕES, GOSTOS E COSTUMES PRÓPRIOS.

TODAS AS PESSOAS DEVEM SER RESPEITADAS. AFINAL, SOMOS TODOS SERES HUMANOS.

TERESA VIVE EM UMA COMUNIDADE INDÍGENA GUARANI NO BRASIL. ELA É ESTUDIOSA E ADORA BRINCAR NO RIO.

RAUL VIVE NO NEPAL. ELE É FALANTE E GOSTA DE LER HISTÓRIAS.

DAM VIVE NA COSTA DO MARFIM. ELA É RISONHA E GOSTA DE CANTAR.

TOM VIVE NA AUSTRÁLIA. ELE É CARINHOSO E ADORA DANÇAR.

 **12** AS CRIANÇAS MOSTRADAS NAS IMAGENS VIVEM NO MESMO LUGAR?

- AS CRIANÇAS TÊM GOSTOS PARECIDOS COM OS SEUS? CONVERSE SOBRE ISSO COM OS COLEGAS E O PROFESSOR.

O RESPEITO A TODAS AS CRIANÇAS

TODAS AS PESSOAS DEVEM SER RESPEITADAS.

POR ISSO, NENHUMA CRIANÇA PODE SOFRER DISCRIMINAÇÃO POR COR, GÊNERO, NACIONALIDADE, RELIGIÃO, CARACTERÍSTICA FÍSICA OU CONDIÇÃO SOCIAL.

TODAS AS CRIANÇAS TÊM DIREITO A ALIMENTAÇÃO, A ATENDIMENTO MÉDICO, A MORADIA, A FREQUENTAR A ESCOLA, A BRINCAR, A SE DIVERTIR E A CRESCER EM UM AMBIENTE SAUDÁVEL E SEGURO.

RENATO VENTURA

HORA DA LEITURA

- *CARTA DO TESOURO*, DE ANA MIRANDA, EDITORA ARMAZÉM DA CULTURA.

COMPREENDA A LEITURA

1. VOCÊ SABE O QUE É DISCRIMINAÇÃO? CONVERSE SOBRE ISSO COM OS COLEGAS E O PROFESSOR.

2. QUE TIPOS DE DISCRIMINAÇÃO FORAM CITADOS NO TEXTO?

3 OBSERVE AS IMAGENS. ELAS MOSTRAM DOIS DIREITOS DAS CRIANÇAS QUE FORAM CITADOS NO TEXTO.

1

2

- QUAIS SÃO ESSES DIREITOS?

_____

_____

 • QUAIS OUTROS DIREITOS DAS CRIANÇAS FORAM CITADOS NO TEXTO?

VAMOS FAZER

REÚNA-SE COM ALGUNS COLEGAS PARA ELABORAR DESENHOS QUE REPRESENTEM ALGUNS DIREITOS DAS CRIANÇAS. SIGAM AS ETAPAS.

1. ESCOLHAM OS DIREITOS QUE VOCÊS QUEREM DESENHAR.

2. EM FOLHAS AVULSAS, DESENHEM CENAS QUE REPRESENTEM ESSES DIREITOS.

3. APRESENTEM OS DESENHOS PARA OS OUTROS COLEGAS E PARA O PROFESSOR E EXPLIQUEM QUAIS DIREITOS FORAM REPRESENTADOS.

ILUSTRAÇÕES: RENATO VENTURA

VOCÊ CONHECE O SEU CORPO? SABE COMO SE CHAMA CADA PARTE DELE?

1 LEIA A LETRA DA CANÇÃO E SIGA O CAMINHO DA PULGUINHA, SENTINDO AS PARTES DO SEU CORPO.

PULGUINHA

[...]

A PULGUINHA PULA À BEÇA E BELISCA O SEU PÉ
DO PÉ PULA PRA CABEÇA, VAI FAZENDO CAFUNÉ
A PULGUINHA TÃO LIGEIRA, PULA LOGO PRA BARRIGA
TUDO É UMA BRINCADEIRA, VOCÊ QUER SER MINHA AMIGA?

DA BARRIGA PRO BUMBUM
DO BUMBUM PRO BRAÇO
DO BRAÇO PRA PERNA
DA PERNA PRA CABEÇA
DA CABEÇA PRO UMBIGO
DO UMBIGO PRO PÉ
DO PÉ PRA MÃO
DA MÃO PRA BARRIGA
[...]

PAULO TATIT E EDITH DERDYK.
PULGUINHA. EM: PALAVRA CANTADA.
CANÇÕES DE BRINCAR. MCD, 2000. CD.

MARCOS DE MELLO

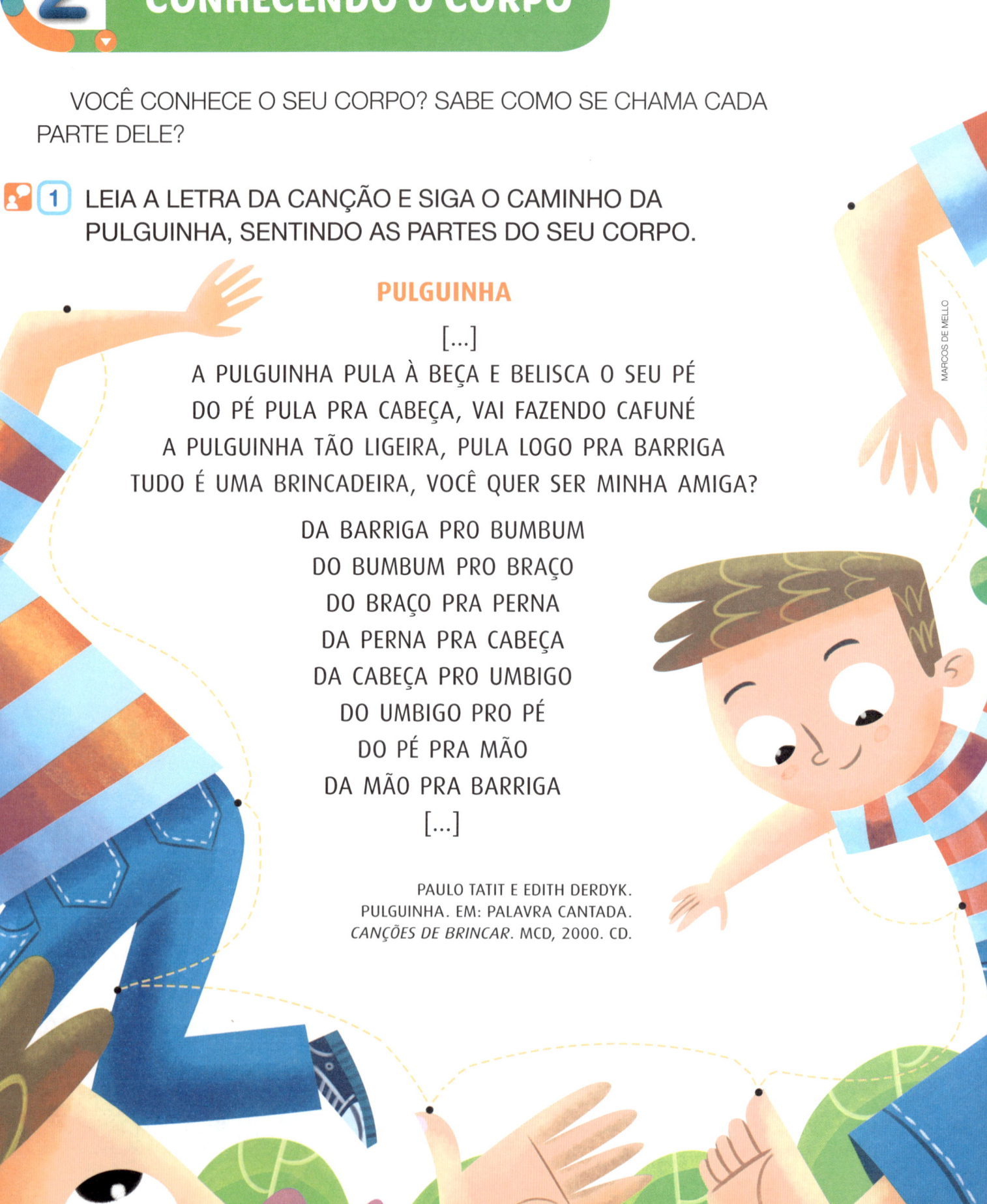

2 ESCREVA NOS RETÂNGULOS O NOME DE CADA PARTE DO CORPO QUE FOI CITADA NA LETRA DA CANÇÃO.

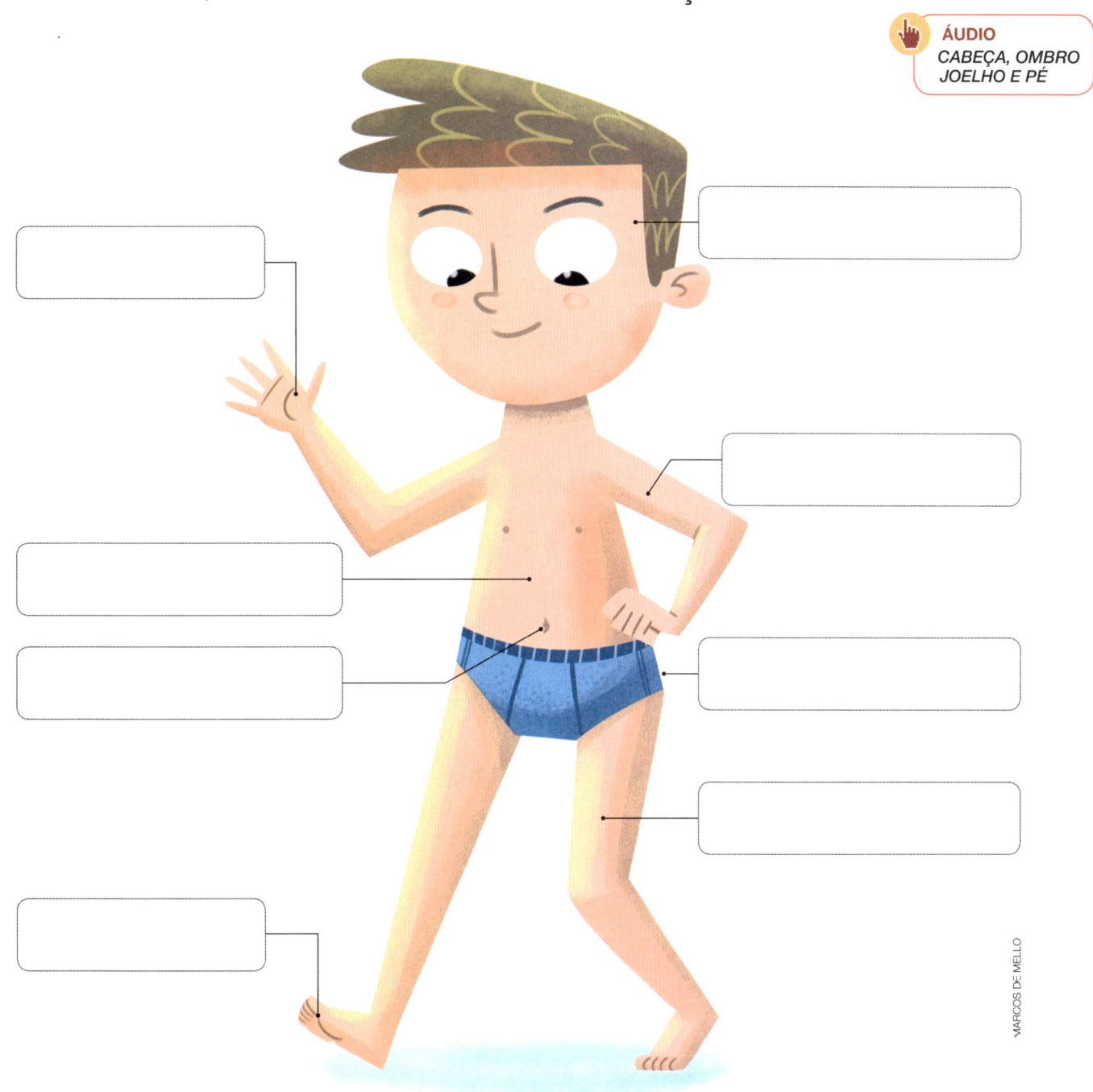

MARCOS DE MELLO

3 COMPLETE AS FRASES COM O NOME DE PARTES DO CORPO.

- OS _____ SÃO USADOS PARA ABRAÇAR.

- AS _____ SÃO USADAS PARA ESCREVER.

- OS _____ SÃO USADOS PARA ANDAR.

REPRESENTANDO O CORPO

UMA FOTOGRAFIA OU UM DESENHO PODEM REPRESENTAR DIFERENTES PARTES DO CORPO.

NESSE DESENHO, JULIANA REPRESENTOU APENAS O SEU ROSTO.

4 FAÇA UM DESENHO DO SEU CORPO E ESCREVA O NOME DAS PARTES DESENHADAS.

• AGORA, EXPLIQUE AOS COLEGAS E AO PROFESSOR PARA QUE VOCÊ USA CADA PARTE DO CORPO.

O CORPO DE FRENTE, O CORPO DE COSTAS

AS IMAGENS A SEGUIR REPRESENTAM UM MENINO CHAMADO LUCAS.

A IMAGEM 1 REPRESENTA LUCAS DE FRENTE. A IMAGEM 2 REPRESENTA LUCAS DE COSTAS.

LUCAS DE FRENTE.　　　　LUCAS DE COSTAS.

5 QUAIS DIFERENÇAS VOCÊ OBSERVA ENTRE AS DUAS IMAGENS?

6 NA IMAGEM A SEGUIR, CIRCULE AS CRIANÇAS DE ACORDO COM A LEGENDA.

CRIANÇAS DE FRENTE.　　　CRIANÇAS DE COSTAS.

ILUSTRAÇÕES: ARTUR FUJITA

O LADO ESQUERDO E O LADO DIREITO DO CORPO

NESTA REPRESENTAÇÃO DE LUCAS, É POSSÍVEL IDENTIFICAR O LADO ESQUERDO E O LADO DIREITO DO CORPO DELE.

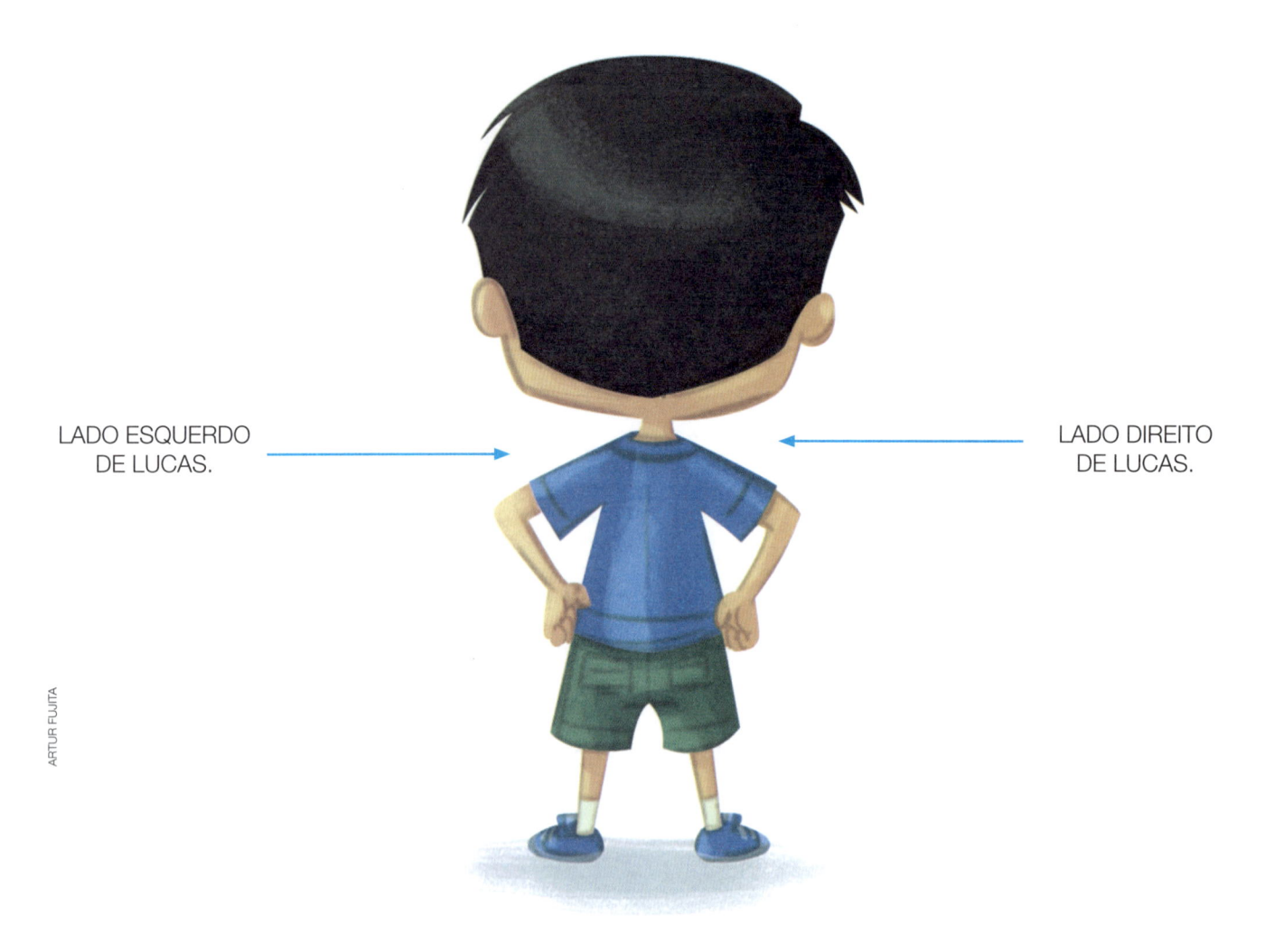

LADO ESQUERDO DE LUCAS.

LADO DIREITO DE LUCAS.

7 O CORPO DE LUCAS FOI REPRESENTADO:

☐ DE FRENTE.   ☐ DE COSTAS.

8 CIRCULE NA IMAGEM ACIMA:

- A ORELHA ESQUERDA DE LUCAS COM A COR AZUL.
- A MÃO DIREITA DE LUCAS COM A COR VERDE.

9 DESENHE E PINTE UMA BOLA PERTO DO PÉ ESQUERDO DE LUCAS.

10 DESENHE E PINTE UMA FLOR PERTO DO PÉ DIREITO DE LUCAS.

CAROLINA E JOSÉ ESTUDAM NA MESMA ESCOLA. OBSERVE AS CRIANÇAS NA SALA DE AULA.

11 COM QUAL MÃO CAROLINA SEGURA O LÁPIS?

☐ MÃO DIREITA ☐ MÃO ESQUERDA

12 COM QUAL MÃO JOSÉ SEGURA O LÁPIS?

☐ MÃO DIREITA ☐ MÃO ESQUERDA

13 EM QUAL BRAÇO CAROLINA USA UMA PULSEIRA?

☐ BRAÇO DIREITO ☐ RRAÇO ESQUERDO

14 EM QUAL BRAÇO JOSÉ USA UM RELÓGIO?

☐ BRAÇO DIREITO ☐ BRAÇO ESQUERDO

15 COM QUAL MÃO VOCÊ ESCREVE?

☐ MÃO DIREITA ☐ MÃO ESQUERDA

O CORPO PERCEBE O AMBIENTE

NÓS SOMOS CAPAZES DE PERCEBER O ENTORNO USANDO DIFERENTES PARTES DO CORPO.

16 COPIE A PALAVRA QUE RESPONDE A CADA ADIVINHA.

> NARIZ   OLHOS   PELE   ORELHAS   LÍNGUA

NA CABEÇA, TENHO DUAS.
E NÃO SÃO AS SOBRANCELHAS.
COM ELAS ESCUTO MUITAS COISAS,
ATÉ O BARULHO DAS OVELHAS. _____

COM ELA, SINTO O GOSTO
DE MAMÃO, FEIJÃO E PÃO,
MAS, SE A COLOCO PARA FORA,
PODE SER FALTA DE EDUCAÇÃO! _____

NÃO VEJO NADA COM OS DOIS FECHADOS.
SÓ VEJO QUANDO ESTÃO ABERTOS.
QUE PARTE DO CORPO
EU USO PARA VER
DE LONGE E DE PERTO? _____

COM ELA, SINTO O CALOR E O FRIO
E A PEDRA ÁSPERA EM UM RIO.
CONSIGO SABER SE É MACIO
OU NÃO
O PELO DO MEU CÃO. _____

TEM CHEIRO BOM.
TEM CHEIRO RUIM.
QUAL É A PARTE DO CORPO
QUE SENTE CHEIRO PARA MIM? _____

ATIVIDADE PRÁTICA

QUADRO DE TEXTURAS

AS PESSOAS COM DEFICIÊNCIA VISUAL PODEM PERCEBER O MUNDO POR MEIO DAS MÃOS.

VAMOS FAZER UM QUADRO PARA SER VISTO E TOCADO?

MATERIAL

- CARTOLINA
- CANETINHAS COLORIDAS
- COLA
- TESOURA COM PONTAS ARREDONDADAS

- PAPÉIS DE DIFERENTES TEXTURAS, COMO JORNAL E CREPOM
- MATERIAIS VARIADOS, COMO RETALHOS DE TECIDO, AREIA, PEDRINHAS, ALGODÃO, FITAS E BARBANTES

COMO FAZER

1. FAÇA UM DESENHO NA CARTOLINA. EM SEGUIDA, COLE OS DIFERENTES MATERIAIS PARA DAR COR E TEXTURA A CADA PARTE DO DESENHO.

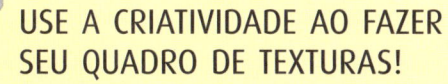

USE A CRIATIVIDADE AO FAZER SEU QUADRO DE TEXTURAS!

2. COM OS COLEGAS, ORGANIZE UMA EXPOSIÇÃO PARA TODOS APRECIAREM OS QUADROS.

3. DE OLHOS FECHADOS, TOQUE OS QUADROS DOS COLEGAS E TENTE DESCOBRIR O QUE FOI REPRESENTADO NOS DESENHOS.

ARTUR FUJITA

PARA RESPONDER

1 QUAIS PARTES DO CORPO FORAM USADAS PARA APRECIAR A EXPOSIÇÃO?

2 VOCÊ CONSEGUIU DESCOBRIR ALGUM DESENHO TOCANDO OS QUADROS COM OS OLHOS FECHADOS? O QUE ACHOU DESSA EXPERIÊNCIA?

CUIDADOS COM O CORPO

PARA VIVER BEM E SE MANTER SAUDÁVEL, É IMPORTANTE CUIDAR DO CORPO.

BONS **HÁBITOS** COLABORAM PARA UMA BOA SAÚDE.

> **HÁBITOS:** COSTUMES; MODOS OU MANEIRAS FREQUENTES DE AGIR.

17 MARQUE AS AÇÕES QUE AJUDAM A CUIDAR DA SAÚDE.

ESCOVAR OS DENTES.

CARREGAR MUITO PESO NA MOCHILA.

TOMAR BANHO.

COMER FRUTAS E VERDURAS.

BRINCAR.

DORMIR.

OS HÁBITOS DE HIGIENE

OS HÁBITOS DE HIGIENE SÃO ATITUDES QUE AJUDAM A MANTER A SAÚDE DO NOSSO CORPO.

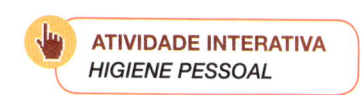
ATIVIDADE INTERATIVA
HIGIENE PESSOAL

18 LIGUE CADA IMAGEM AO HÁBITO DE HIGIENE QUE ESTÁ SENDO PRATICADO.

ILUSTRAÇÕES: ARTUR FUJITA

CORTAR AS UNHAS.

VESTIR ROUPAS LIMPAS.

ESCOVAR OS DENTES.

TOMAR BANHO.

 • VOCÊ CONHECE OUTROS HÁBITOS DE HIGIENE ALÉM DOS MOSTRADOS NAS IMAGENS? CONVERSE COM OS COLEGAS E O PROFESSOR SOBRE ISSO.

TOMAR BANHO DIARIAMENTE É UM HÁBITO DE HIGIENE QUE AJUDA A ELIMINAR A SUJEIRA, PREVENINDO O MAU CHEIRO E O APARECIMENTO DE DOENÇAS.

19 LEIA A TIRINHA E RESPONDA.

JEAN GALVÃO

 • EM SUA OPINIÃO, A PERSONAGEM TOMOU BANHO ADEQUADAMENTE? POR QUÊ?

LAVAR AS MÃOS ANTES DAS REFEIÇÕES E APÓS USAR O BANHEIRO TAMBÉM É UM HÁBITO DE HIGIENE IMPORTANTE. A SUJEIRA DAS MÃOS PODE TRANSMITIR DOENÇAS.

20 OBSERVE AS IMAGENS E RESPONDA ÀS QUESTÕES.

CARLA, VENHA LANCHAR!

IH, ESQUECI DE LAVAR AS MÃOS.

AI, ESTOU COM DOR DE BARRIGA.

• POR QUE CARLA FICOU DOENTE?

• O QUE ELA DEVERIA TER FEITO PARA NÃO FICAR DOENTE?

• EM QUE OUTRAS SITUAÇÕES DEVEMOS LAVAR AS MÃOS?

PARA MANTER A SAÚDE DOS DENTES, É IMPORTANTE ESCOVÁ-LOS APÓS AS REFEIÇÕES E ANTES DE DORMIR.

A LIMPEZA DOS DENTES PREVINE O APARECIMENTO DE CÁRIES E DO MAU HÁLITO.

> **CÁRIES:** PROBLEMAS QUE AFETAM OS DENTES PELA FALTA DE HIGIENE.

21 CIRCULE OS OBJETOS UTILIZADOS NA LIMPEZA DOS DENTES.

- VOCÊ UTILIZA TODOS OS OBJETOS QUE CIRCULOU?

☐ SIM   ☐ NÃO

- QUANTAS VEZES POR DIA VOCÊ ESCOVA OS DENTES?

_____

_____

22 MARINA NUNCA QUER ESCOVAR OS DENTES DEPOIS DE COMER. OBSERVE NOS QUADRINHOS.

 - EM SUA OPINIÃO, O QUE ACONTECEU COM MARINA? CONVERSE SOBRE ISSO COM OS COLEGAS E O PROFESSOR.

BRINCAR FAZ BEM

CORRER, PULAR, BRINCAR E PRATICAR ESPORTES SÃO ATIVIDADES IMPORTANTES PARA MANTER O CORPO E A MENTE SAUDÁVEIS.

JOGOS E BRINCADEIRAS COMO AMARELINHA, PIPA, PETECA, PIÃO E BOLINHA DE GUDE ERAM MUITO COMUNS NO PASSADO. AS CRIANÇAS COSTUMAVAM BRINCAR AO AR LIVRE, NOS QUINTAIS DAS MORADIAS E NAS RUAS.

23 OBSERVE A IMAGEM E ESCREVA NOS ESPAÇOS EM BRANCO OS NOMES DOS JOGOS E DAS BRINCADEIRAS QUE APARECEM NO QUADRO.

> AMARELINHA   PIÃO   PEGA-VARETAS
> PETECA   BONECA

LÉO FANELLI

- VOCÊ COSTUMA SE DIVERTIR COM ALGUM DESSES JOGOS E BRINCADEIRAS? QUAL?

- VOCÊ COSTUMA BRINCAR AO AR LIVRE? DE QUÊ?

ALGUMAS BRINCADEIRAS RECEBEM NOMES DIFERENTES EM CADA LUGAR DO BRASIL.

A BOLINHA DE GUDE, POR EXEMPLO, TAMBÉM É CONHECIDA COMO BALEBA E BILA.

24 ORDENE AS LETRAS PARA DESCOBRIR OUTROS NOMES PARA ALGUMAS BRINCADEIRAS.

- EM ALGUNS LUGARES DO BRASIL É CHAMADA DE ARRAIA OU PAPAGAIO.

P - A - P - I

_____ _____ _____ _____

- EM ALGUNS LUGARES DO BRASIL É CONHECIDA COMO MARÉ E AVIÃO.

A – R – A – E – L – I – N – H – A - M

__ __ __ __ __ __ __ __ __ __

25 CONVERSE COM UM FAMILIAR SOBRE A BRINCADEIRA PREFERIDA DELE QUANDO ERA CRIANÇA. PERGUNTE O NOME DA BRINCADEIRA E COMO ELA ERA.

- QUAL ERA O NOME DESSA BRINCADEIRA?

_____

- VOCÊ JÁ CONHECIA ESSA BRINCADEIRA? JÁ PARTICIPOU DELA?

_____

- COMPARTILHE ESSA BRINCADEIRA COM OS COLEGAS E O PROFESSOR. APROVEITE PARA BRINCAR!

NO PASSADO, HAVIA MENOS BRINQUEDOS FEITOS DE PLÁSTICO E ELETRÔNICOS, MOVIDOS A PILHA OU A BATERIA, COMO É COMUM ATUALMENTE.

MAS SERÁ QUE É PRECISO TER TANTOS BRINQUEDOS PARA BRINCAR E SE DIVERTIR?

LEIA A SEGUIR AS MEMÓRIAS DA ESCRITORA RACHEL DE QUEIROZ SOBRE AS BRINCADEIRAS DA INFÂNCIA DELA.

FAZ DE CONTA

ANTIGAMENTE, HAVIA POUCOS BRINQUEDOS. MENINA BRINCAVA DE BONECA, MENINO BRINCAVA COM CARRINHO. DEPOIS SURGIRAM TANTOS BRINQUEDOS.

MAS, AQUI ENTRE NÓS, COM TODOS ESSES BRINQUEDOS ESPETACULARES, SERÁ QUE, LÁ NO FUNDO DO CORAÇÃO, A GAROTADA NÃO SENTE FALTA DAS BRINCADEIRAS ANTIGAS?

BRINQUEDO, PARA DIVERTIR, NÃO PRECISA SER COMPLICADO. CRIANÇA GOSTA É DE USAR O "FAZ DE CONTA". E DIZENDO "FAZ DE CONTA", PEDAÇO DE PAU VIRA ESPADA MÁGICA, VASSOURA VIRA CAVALO, CADEIRA VIRA AVIÃO... O MELHOR BRINQUEDO DE TODOS É A NOSSA IMAGINAÇÃO...

RACHEL DE QUEIROZ. *MEMÓRIAS DE MENINA*.
RIO DE JANEIRO: JOSÉ OLYMPIO, 2003. P. 23. (ADAPTADO.)

ARTUR FUJITA

26 DE ACORDO COM O TEXTO, CIRCULE OS BRINQUEDOS QUE ERAM USADOS PELAS MENINAS E PELOS MENINOS NO PASSADO.

 ● VOCÊ COSTUMA BRINCAR COM ESSES BRINQUEDOS?

27 LIGUE CADA OBJETO AO BRINQUEDO EM QUE ELE SE TRANSFORMA AO SE DIZER *FAZ DE CONTA,* DE ACORDO COM O TEXTO.

PEDAÇO DE PAU	AVIÃO
VASSOURA	CAVALO
CADEIRA	ESPADA MÁGICA

28 FAÇA UM DESENHO REPRESENTANDO UMA BRINCADEIRA NA QUAL VOCÊ USE A IMAGINAÇÃO.

 ● EM SUA OPINIÃO, É IMPORTANTE USAR A IMAGINAÇÃO PARA BRINCAR? CONVERSE SOBRE ISSO COM OS COLEGAS E O PROFESSOR.

CRIANÇAS E BRINCADEIRAS PELO MUNDO

VOCÊ ESTUDOU QUE AS CRIANÇAS TÊM DIFERENTES GOSTOS E PREFERÊNCIAS E QUE AS BRINCADEIRAS FAZEM PARTE DO DIA A DIA DELAS.

AGORA, CONHEÇA AS BRINCADEIRAS PREFERIDAS DE ALGUMAS CRIANÇAS EM DIFERENTES LUGARES DO MUNDO.

DANIEL E KIM SÃO IRMÃOS. ELES MORAM NO VIETNÃ.

A BRINCADEIRA PREFERIDA DELES É JOGAR PIÃO NO QUINTAL DE CASA.

VIETNÃ, EM 2014.

IZABEL E SEUS PRIMOS MORAM EM CABO VERDE.

DEPOIS DA ESCOLA, ELES SEMPRE SE REÚNEM PARA JOGAR PEBOLIM.

CABO VERDE, EM 2014.

KAIKE E SEUS AMIGOS VIVEM NA COMUNIDADE INDÍGENA KALAPALO, NO ESTADO DE MATO GROSSO, NO BRASIL.

ELES ADORAM NADAR NO RIO DEPOIS DA ESCOLA.

BRASIL, EM 2016.

ARUNA E JAIA VIVEM NA ÍNDIA. ELAS ESTUDAM NA MESMA ESCOLA.

DURANTE O RECREIO, ELAS BRINCAM DE AMARELINHA.

ÍNDIA, EM 2016.

1 VOCÊ CONHECE ESSAS BRINCADEIRAS? DE QUAIS VOCÊ JÁ BRINCOU?

2 QUAL É A SUA BRINCADEIRA PREFERIDA? COM QUEM VOCÊ COSTUMA BRINCAR DISSO?

3 EM SUA OPINIÃO, O QUE TODAS AS CRIANÇAS TÊM EM COMUM?

OS ALUNOS DE UMA ESCOLA DESENHARAM SUAS FAMÍLIAS E ORGANIZARAM UMA EXPOSIÇÃO.

FABIANA FAIALLO

VAMOS CONVERSAR

1. COMO SÃO AS FAMÍLIAS MOSTRADAS NESSA EXPOSIÇÃO?

2. A SUA FAMÍLIA SE PARECE COM ALGUMA DAS FAMÍLIAS DESENHADAS?

3. VOCÊ CONHECE ALGUMA HISTÓRIA SOBRE A SUA FAMÍLIA? CONTE ESSA HISTÓRIA PARA OS COLEGAS E O PROFESSOR.

MINHA FAMÍLIA

ALGUMAS FAMÍLIAS COSTUMAM SE REUNIR PARA FAZER AS REFEIÇÕES.

LEIA A SEGUIR O RELATO DE RITA SOBRE COMO ERA O ALMOÇO DE SUA FAMÍLIA AOS DOMINGOS.

ALMOÇO DE DOMINGO

ALMOÇO DE DOMINGO COM A FAMÍLIA REUNIDA, UMA DAS MINHAS LEMBRANÇAS MAIS QUERIDAS. [...]

EM CASA TÍNHAMOS SEMPRE UMA ROTINA [...].

DOMINGO CEDO, EU, A FILHA MAIS VELHA, E MEU PAI ÍAMOS À FEIRA E MINHA MÃE FICAVA NA COZINHA ÀS VOLTAS COM AS PANELAS. [...]

O ALMOÇO FICAVA PRONTO, EU ARRUMAVA A MESA E SENTÁVAMOS TODOS [...].

RITA DE CASSIA OLIVEIRA DE CASTRO. ALMOÇO DE DOMINGO. DEPOIMENTO FORNECIDO AO MUSEU DA PESSOA. DISPONÍVEL EM: <http://mod.lk/almoco>. ACESSO EM: 5 MAR. 2018.

1 AGORA, RESPONDA ÀS QUESTÕES SOBRE O RELATO DE RITA.

- QUEM COMPRAVA OS ALIMENTOS NA FEIRA?

- QUEM PREPARAVA O ALMOÇO?

- QUEM ARRUMAVA A MESA?

VOCÊ E SUA FAMÍLIA COSTUMAM SE REUNIR PARA AS REFEIÇÕES? E A FAMÍLIA DE SEUS COLEGAS? VAMOS DESCOBRIR?

COMO FAZER

PREENCHA A FICHA DA PÁGINA AO LADO COM INFORMAÇÕES DE SUA FAMÍLIA.

MINHA FAMÍLIA

1. QUANTAS PESSOAS FORMAM A SUA FAMÍLIA?

2. QUEM SÃO AS PESSOAS DA SUA FAMÍLIA QUE MORAM COM VOCÊ?

_____

_____

3. PINTE AS REFEIÇÕES QUE VOCÊ E SUA FAMÍLIA COSTUMAM FAZER JUNTOS.

CAFÉ DA MANHÃ   ALMOÇO   LANCHE   JANTAR

4. DESENHE COMO É O ALMOÇO DA SUA FAMÍLIA AOS DOMINGOS.

PARA RESPONDER

2 COMPARE A SUA FICHA COM A FICHA DE UM COLEGA.

- VOCÊS FAZEM AS MESMAS REFEIÇÕES EM FAMÍLIA?
- QUAIS SÃO AS SEMELHANÇAS E DIFERENÇAS ENTRE OS ALMOÇOS DE DOMINGO?

AS FAMÍLIAS SÃO DIFERENTES

EXISTEM DIFERENTES TIPOS DE FAMÍLIA E CADA UMA É DE UM JEITO.

HÁ FAMÍLIAS COM MUITAS CRIANÇAS E OUTRAS COM MUITOS ADULTOS. VEJA ALGUMAS FAMÍLIAS A SEGUIR.

FAMÍLIA DE JULIANA.

FAMÍLIA DE SOFIA.

FAMÍLIA DE MIGUEL.

FAMÍLIA DE MOACIR.

FAMÍLIA DE YASMIN.

ALÉM DE MÃE, PAI E FILHOS, A FAMÍLIA TAMBÉM PODE SER FORMADA POR OUTRAS PESSOAS, COMO AVÓS, TIOS E PRIMOS.

HÁ, AINDA, AS PESSOAS QUE SÃO TÃO AMIGAS QUE ACABAM SENDO CONSIDERADAS PARTE DA FAMÍLIA.

1 DESENHE A SUA FAMÍLIA.

2 MARQUE AS CARACTERÍSTICAS DA SUA FAMÍLIA.

☐ TEM MUITAS CRIANÇAS.

☐ É FORMADA APENAS POR AVÓS.

☐ É FORMADA POR AVÓS, TIOS E PRIMOS.

☐ TEM MUITOS ADULTOS.

3 VOCÊ TEM ALGUM AMIGO QUE CONSIDERA PARTE DA SUA FAMÍLIA? ESCREVA O NOME DELE.

ADOTAR TAMBÉM É UM JEITO DE FORMAR UMA FAMÍLIA. A ADOÇÃO É QUANDO UMA CRIANÇA É ACOLHIDA PARA SER CUIDADA POR UMA NOVA FAMÍLIA.

4 LEIA O TEXTO A SEGUIR E RESPONDA ÀS QUESTÕES.

CONTA DE NOVO

CONTA DE NOVO A HISTÓRIA DA NOITE EM QUE EU NASCI. [...]

CONTA DE NOVO QUE VOCÊ NÃO PODIA TER UM NENÉM NA SUA BARRIGA E POR ISSO EU SAÍ DA BARRIGA DE UMA OUTRA MOÇA QUE NÃO PODIA CUIDAR DE NENHUMA CRIANÇA. E EU VIM PARA SER SUA FILHINHA.

CONTA DE NOVO A PRIMEIRA VEZ EM QUE VOCÊ ME ABRAÇOU E ME CHAMOU DE FILHINHA QUERIDA. CONTA DE NOVO QUE VOCÊ CHOROU DE TANTA FELICIDADE!

JAMIE LEE CURTIS E LAURA CORNELL. *CONTA DE NOVO*: A HISTÓRIA DA NOITE EM QUE EU NASCI. SÃO PAULO: SALAMANDRA, 2005.

- DO QUE TRATA O TEXTO?

- COMO A MENINA CONHECE OS DETALHES DO DIA EM QUE NASCEU?

- ASSINALE COM QUEM A MENINA PARECE ESTAR CONVERSANDO.

| ☐ AVÓ | ☐ MÃE | ☐ PAI | ☐ TIA |

FAMÍLIAS DO PASSADO E DO PRESENTE

NO BRASIL, CERCA DE 100 ANOS ATRÁS, AS MULHERES COSTUMAVAM TER VÁRIOS FILHOS E FORMAR FAMÍLIAS NUMEROSAS.

OS HOMENS TRABALHAVAM FORA DE CASA, ENQUANTO AS MULHERES CUIDAVAM DOS FILHOS E SE DEDICAVAM AOS TRABALHOS DOMÉSTICOS, COMO LIMPAR, COZINHAR E COSTURAR.

COM O TEMPO, AS MULHERES PASSARAM A TER MENOS FILHOS E A TRABALHAR FORA DE CASA, EM PROFISSÕES DE SUA ESCOLHA.

ATUALMENTE, PRINCIPALMENTE NAS CIDADES, MUITOS HOMENS E MULHERES TRABALHAM FORA DE CASA. ELES TAMBÉM DIVIDEM OS TRABALHOS DOMÉSTICOS E O CUIDADO COM OS FILHOS.

FAMÍLIA NO MUNICÍPIO DE PARNAGUÁ, NO ESTADO DO PIAUÍ, EM 1912.

FAMÍLIA NO MUNICÍPIO DE SÃO PAULO, NO ESTADO DE SÃO PAULO, EM 2016.

5 OBSERVE AS IMAGENS A SEGUIR E RESPONDA ÀS QUESTÕES.

FAMÍLIA NO MUNICÍPIO DE SÃO PAULO, NO ESTADO DE SÃO PAULO, EM 1926.

FAMÍLIA NO MUNICÍPIO DE SÃO PAULO, NO ESTADO DE SÃO PAULO, EM 2016.

- ESCREVA NOS QUADROS QUANTOS FILHOS HÁ EM CADA FAMÍLIA.

FAMÍLIA DE 1926 ☐   FAMÍLIA DE 2016 ☐ .

- QUAIS SÃO AS SEMELHANÇAS ENTRE AS DUAS FAMÍLIAS? E AS DIFERENÇAS? ESCREVA NO QUADRO.

SEMELHANÇAS	DIFERENÇAS

 - EM SUA OPINIÃO, O QUE MUDOU ENTRE AS FAMÍLIAS DO PASSADO E AS FAMÍLIAS DO PRESENTE?

6 COMPLETE AS FRASES COM AS PALAVRAS DO QUADRO.

> VÁRIOS   ATUALMENTE   ENQUANTO

- CERCA DE 100 ANOS ATRÁS, AS MULHERES COSTUMAVAM

  TER _____ FILHOS.

- NO PASSADO, AS MULHERES SE DEDICAVAM AOS TRABALHOS

  DOMÉSTICOS, _____ OS HOMENS TRABALHAVAM FORA

  DE CASA.

- _____, MUITOS HOMENS E MULHERES TRABALHAM
  FORA DE CASA E DIVIDEM OS TRABALHOS DOMÉSTICOS E O
  CUIDADO COM OS FILHOS.

7 COM A AJUDA DE UM FAMILIAR, RESPONDA ÀS QUESTÕES A SEGUIR.

> **1.** QUANTOS FILHOS CADA UMA DAS SUAS BISAVÓS TEVE?
>
> PATERNA: [ ]   MATERNA: [ ]
>
> **2.** QUANTOS FILHOS CADA UMA DAS SUAS AVÓS TEVE?
>
> PATERNA: [ ]   MATERNA: [ ]
>
> **3.** QUANTOS FILHOS A SUA MÃE TEVE? [ ]

- O NÚMERO DE FILHOS NA SUA FAMÍLIA AUMENTOU OU DIMINUIU AO
  LONGO DO TEMPO?

  _____

  _____

- EM SUA OPINIÃO, POR QUE ISSO ACONTECEU? CONVERSE SOBRE
  ESSE ASSUNTO COM OS COLEGAS E O PROFESSOR.

ÁRVORE GENEALÓGICA

UMA DAS FORMAS DE CONHECER A HISTÓRIA DA SUA FAMÍLIA É POR MEIO DA **ÁRVORE GENEALÓGICA**.

A ÁRVORE GENEALÓGICA ORGANIZA OS MEMBROS DE UMA FAMÍLIA: OS MAIS VELHOS FICAM NA PARTE DE CIMA, E OS MAIS NOVOS FICAM NA PARTE DE BAIXO.

VAMOS CONHECER A ÁRVORE GENEALÓGICA DE JÚLIA.

1 ASSINALE OS NOMES DOS AVÓS DE JÚLIA.

☐ MARTA ☐ JOSÉ ☐ ÂNGELO ☐ LURDES

☐ GILDA ☐ RUBENS ☐ ANTÔNIO ☐ SANDRA

2 QUAIS SÃO OS NOMES DOS PAIS DE JÚLIA?

_____

AGORA, VOCÊ VAI FAZER A SUA ÁRVORE GENEALÓGICA.

MATERIAL

✔ CARTOLINA BRANCA

✔ RÉGUA

✔ LÁPIS DE COR

✔ CANETINHAS COLORIDAS

 USE A CRIATIVIDADE PARA FAZER SUA ÁRVORE GENEALÓGICA.

COMO FAZER

✔ DESENHE UMA ÁRVORE NA CARTOLINA DEIXANDO ESPAÇOS NOS GALHOS PARA DESENHAR OS MEMBROS DA SUA FAMÍLIA.

✔ PRIMEIRO DESENHE VOCÊ E SEUS IRMÃOS, DEPOIS SEUS PAIS E SEUS AVÓS E, POR ÚLTIMO, SEUS BISAVÓS. DESENHE TAMBÉM SEUS TIOS E PRIMOS.

✔ ESCREVA O NOME DE SEUS FAMILIARES E UM POUCO DA HISTÓRIA DE CADA UM. VOCÊ PODE ESCREVER A DATA DE NASCIMENTO, O LUGAR ONDE NASCEU OU O QUE CADA UM GOSTA DE FAZER.

PARA RESPONDER

 3 COMPARE A SUA ÁRVORE GENEALÓGICA COM A DE UM COLEGA.

• O QUE VOCÊ DESCOBRIU SOBRE A HISTÓRIA DA FAMÍLIA DO COLEGA?

• HÁ ALGO PARECIDO ENTRE AS HISTÓRIAS DAS FAMÍLIAS? O QUÊ?

VIDA EM FAMÍLIA

TODA FAMÍLIA TEM SUA ROTINA. A ROTINA É FORMADA PELAS ATIVIDADES QUE FAZEMOS TODOS OS DIAS.

AS ATIVIDADES DE UMA ROTINA PODEM SER REALIZADAS DE MANHÃ, À TARDE E À NOITE.

UM DIA NA VIDA DE BIA

ATIVIDADE INTERATIVA
ROTINA DA FAMÍLIA

ILUSTRAÇÕES: EDUARDO SOUZA

1 QUEM FAZ PARTE DA FAMÍLIA DE BIA?

_____

_____

2 A SUA FAMÍLIA SE PARECE COM A DE BIA?

☐ SIM   ☐ NÃO

- EM QUE ELAS SE PARECEM? EM QUE ELAS SÃO DIFERENTES?

3 MARQUE O ANIMAL DE ESTIMAÇÃO DE BIA. DEPOIS, ESCREVA O NOME DOS ANIMAIS MOSTRADOS.

_____   _____   _____

4 VOCÊ TEM ALGUM ANIMAL DE ESTIMAÇÃO?

☐ SIM   ☐ NÃO

- QUE ANIMAL É ESSE? COMO ELE SE CHAMA?

_____

_____

5 A QUE HORAS BIA COSTUMA ACORDAR?

☐ ÀS 6 HORAS DA MANHÃ. ☐ ÀS 8 HORAS DA MANHÃ.

☐ ÀS 7 HORAS DA MANHÃ. ☐ ÀS 9 HORAS DA MANHÃ.

- A QUE HORAS VOCÊ COSTUMA ACORDAR?

_____

_____

6 DE ACORDO COM A LEGENDA, PINTE AS ATIVIDADES QUE FAZEM PARTE DA ROTINA DE BIA NA SEGUNDA-FEIRA.

| 🟨 MANHÃ | 🟧 TARDE | 🟦 NOITE |

| ACORDA | VAI À ESCOLA | DORME | JANTA |

| TOMA CAFÉ DA MANHÃ | BRINCA COM O CÃO |

- AGORA, USE A MESMA LEGENDA E PINTE AS ATIVIDADES QUE FAZEM PARTF DA SUA ROTINA.

| ACORDA | VAI À ESCOLA | DORME | JANTA |

| FAZ A LIÇÃO | ALMOÇA | TOMA BANHO |

| TOMA CAFÉ DA MANHÃ | BRINCA | ASSISTE À TELEVISÃO |

- EM QUE A ROTINA DE BIA SE PARECE COM A SUA? EM QUE ELAS SÃO DIFERENTES?

AS ATIVIDADES DO DIA E DA NOITE

VOCÊ PERCEBEU QUE BIA REALIZA MUITAS ATIVIDADES DURANTE O DIA E APENAS ALGUMAS ATIVIDADES DURANTE A NOITE?

ISSO ACONTECE PORQUE A MAIORIA DOS SERES VIVOS TEM UM "RELÓGIO INTERNO", QUE É ORIENTADO PELA CLARIDADE E PELA ESCURIDÃO.

É POR CAUSA DESSE "RELÓGIO" QUE, EM GERAL, FICAMOS MAIS DISPOSTOS DURANTE O DIA E SENTIMOS SONO À NOITE.

7 OBSERVE AS ATIVIDADES QUE ENZO REALIZA DURANTE O DIA E DURANTE A NOITE.

FABIO ELI SIRASUMA

 • AS ATIVIDADES REALIZADAS POR ENZO DURANTE O DIA E DURANTE A NOITE SÃO PARECIDAS COM AS ATIVIDADES QUE VOCÊ REALIZA NESSES PERÍODOS?

• O QUE EXPLICA REALIZARMOS TANTAS ATIVIDADES DURANTE O DIA E DORMIRMOS À NOITE?

OS ANIMAIS TAMBÉM REALIZAM ATIVIDADES DIFERENTES DURANTE O DIA E DURANTE A NOITE.

ALGUNS ANIMAIS, COMO A MAIORIA DOS CÃES, SÃO ATIVOS DURANTE O DIA E DESCANSAM À NOITE.

OUTROS ANIMAIS, COMO A MAIORIA DOS GATOS, DESCANSAM DURANTE O DIA E SÃO ATIVOS DURANTE A NOITE.

8 PESQUISE OUTROS ANIMAIS QUE SÃO ATIVOS DURANTE O DIA OU DURANTE A NOITE. DEPOIS, CONTE AOS COLEGAS E AO PROFESSOR O QUE VOCÊ DESCOBRIU.

A LUZ DO DIA TAMBÉM É IMPORTANTE PARA AS PLANTAS. POR EXEMPLO, AS FLORES DA PLANTA CONHECIDA COMO ONZE-HORAS SE ABREM DURANTE O DIA E SE FECHAM AO ANOITECER.

FLOR ONZE-HORAS ABERTA.

FLOR ONZE-HORAS FECHADA.

9 EM QUAL PERÍODO DO DIA AS FLORES ONZE-HORAS SE ABREM?

• QUANDO AS FLORES ONZE-HORAS SE FECHAM?

ÁLBUM DE ANIMAIS DIURNOS E DE ANIMAIS NOTURNOS

OS ANIMAIS PODEM TER HÁBITOS DIURNOS OU NOTURNOS.

OS ANIMAIS DE HÁBITOS DIURNOS SE ALIMENTAM E CUIDAM DOS FILHOTES DURANTE O DIA E DESCANSAM À NOITE.

OS ANIMAIS DE HÁBITOS NOTURNOS SAEM EM BUSCA DE ALIMENTO DURANTE A NOITE E APROVEITAM PARA DESCANSAR DE DIA.

O GAVIÃO-DE-PENACHO É UMA AVE. DURANTE O DIA, ELE VOA SOBRE AS FLORESTAS EM BUSCA DE ALIMENTO. QUANDO COMEÇA A ANOITECER, ELE SE ESCONDE NOS GALHOS DAS ÁRVORES PARA DORMIR.

O TATU-CANASTRA SAI À PROCURA DE ALIMENTO DURANTE A NOITE. ELE CAVA GRANDES BURACOS, ONDE DESCANSA DURANTE O DIA.

AGORA, VOCÊ VAI MONTAR UM ÁLBUM DE ANIMAIS DE HÁBITOS DIURNOS E DE ANIMAIS DE HÁBITOS NOTURNOS.

MATERIAL

✔ PAISAGENS DAS PÁGINAS 165 E 167 DESTE LIVRO

✔ ADESIVOS DE ANIMAIS DAS PÁGINAS 171 E 174 DESTE LIVRO

COMO FAZER

1. DESTAQUE AS PAISAGENS QUE REPRESENTAM O DIA E A NOITE DAS PÁGINAS 165 E 167.

2. DESTAQUE OS ADESIVOS DE ANIMAIS DAS PÁGINAS 171 E 174.

3. LEIA O NOME E AS CARACTERÍSTICAS DE CADA ANIMAL, IDENTIFICANDO SE É UM ANIMAL DE HÁBITOS DIURNOS OU DE HÁBITOS NOTURNOS.

4. COLE O ADESIVO DE CADA ANIMAL NA PAISAGEM CORRESPONDENTE, DE ACORDO COM OS HÁBITOS DELE.

PENSE BEM ANTES DE COLAR OS ADESIVOS.

PARA RESPONDER

ESCREVA NO QUADRO OS NOMES DOS ANIMAIS DE HÁBITOS DIURNOS E DOS ANIMAIS DE HÁBITOS NOTURNOS QUE VOCÊ COLOU NAS PAISAGENS.

ANIMAIS DE HÁBITOS DIURNOS	ANIMAIS DE HÁBITOS NOTURNOS

A SEMANA DE BIA

VOCÊ JÁ VIU O QUE BIA FEZ NA SEGUNDA-FEIRA. AGORA VAI DESCOBRIR O QUE ELA FEZ NOS OUTROS DIAS DA SEMANA.

10 COMPLETE O ESQUEMA COM AS ATIVIDADES QUE BIA FEZ DURANTE A SEMANA. SIGA O MODELO.

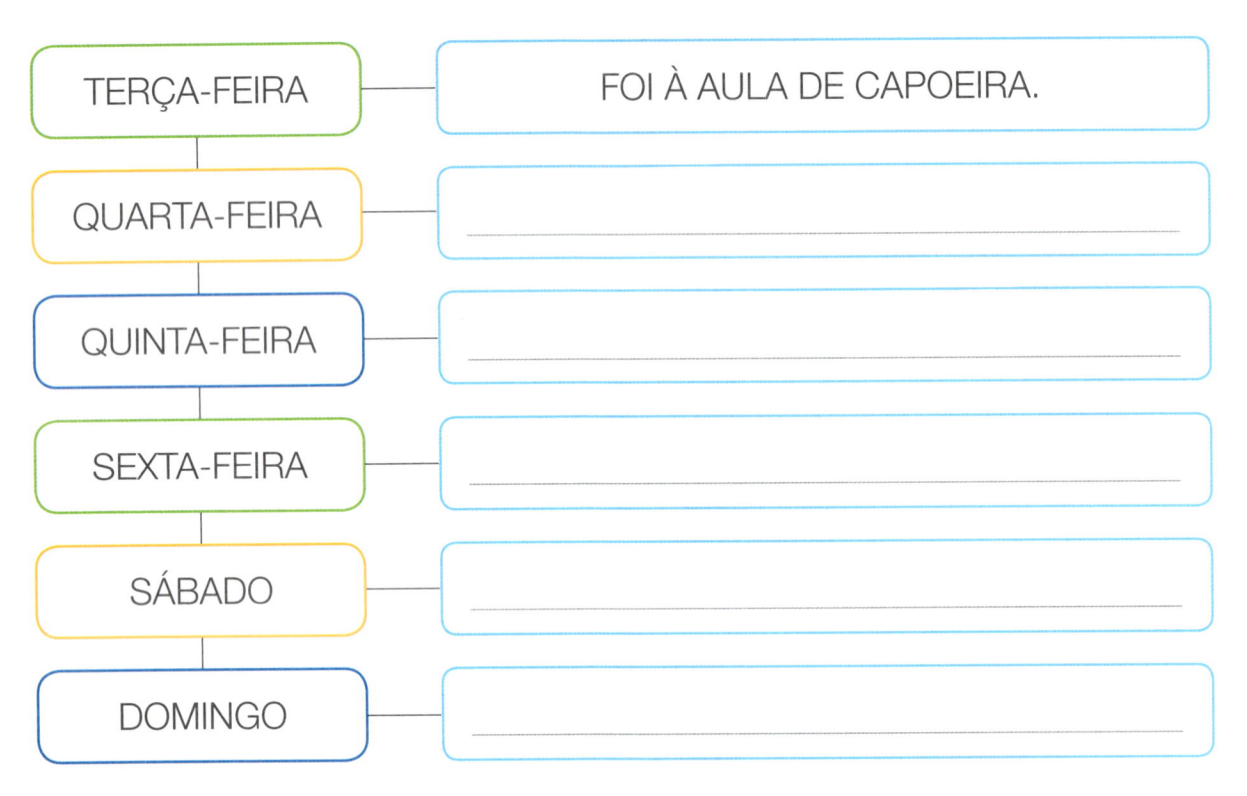

TERÇA-FEIRA	FOI À AULA DE CAPOEIRA.
QUARTA-FEIRA	
QUINTA-FEIRA	
SEXTA-FEIRA	
SÁBADO	
DOMINGO	

11 O QUE BIA FEZ NO SÁBADO? E UM DIA ANTES? E UM DIA DEPOIS?

12 DESENHE UMA ATIVIDADE QUE VOCÊ FAZ TODOS OS DIAS E OUTRA QUE FAZ SOMENTE AOS SÁBADOS.

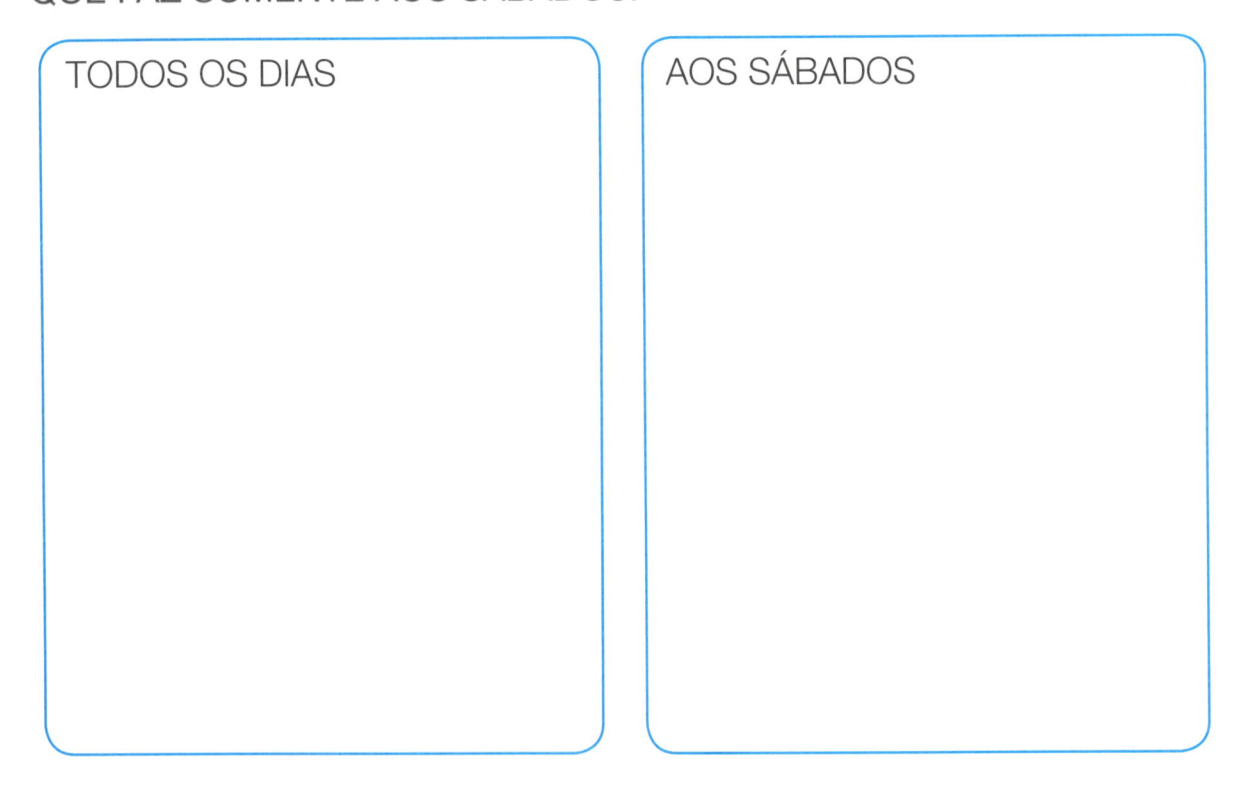

TODOS OS DIAS

AOS SÁBADOS

NO DOMINGO, BIA E SUA FAMÍLIA COSTUMAM IR AO PARQUE.

ENQUANTO BIA E MATEUS BRINCAM DE BOLA, A MÃE E A AVÓ DA MENINA CONVERSAM.

EDUARDO SOUZA

APLIQUE O QUE VOCÊ JÁ SABE SOBRE DIREITA E ESQUERDA.

13 OBSERVE A IMAGEM E MARQUE AS ALTERNATIVAS CORRETAS.

- OS PÁSSAROS ESTÃO:

☐ EMBAIXO DA TRAVE.   ☐ EM CIMA DA TRAVE.

- O CÃO DE BIA ESTÁ:

☐ À DIREITA DA MENINA.   ☐ À ESQUERDA DA MENINA.

- A BOLA ESTÁ:

☐ À DIREITA DE BIA.   ☐ À ESQUERDA DE BIA.

14 NO PARQUE, ENQUANTO AS CRIANÇAS BRINCAM, O QUE A MÃE E A AVÓ DE BIA FAZEM?

COMO ESTÁ O DIA?

TODOS OS DIAS, BIA OBSERVA SE O DIA ESTÁ ENSOLARADO OU CHUVOSO, SE ESTÁ QUENTE OU FRIO.

15 DESENHE COMO ESTÁ O DIA, NESTE MOMENTO, NO LUGAR ONDE VOCÊ VIVE.

16 ASSINALE AS CARACTERÍSTICAS QUE DESCREVEM O DIA QUE VOCÊ DESENHOU.

☐ ENSOLARADO   ☐ CHUVA FORTE   ☐ NUBLADO

☐ QUENTE   ☐ CHUVA FRACA   ☐ FRIO

17 LIGUE O SÍMBOLO AO SEU SIGNIFICADO.

CHUVOSO   ENSOLARADO   NUBLADO

NOS DIAS DE CALOR, DEVEMOS VESTIR ROUPAS LEVES. JÁ NOS DIAS DE FRIO É NECESSÁRIO USAR ROUPAS QUE MANTENHAM O NOSSO CORPO AQUECIDO, COMO CASACO E CACHECOL.

18 PINTE AS ROUPAS MAIS ADEQUADAS PARA USAR EM DIAS FRIOS.

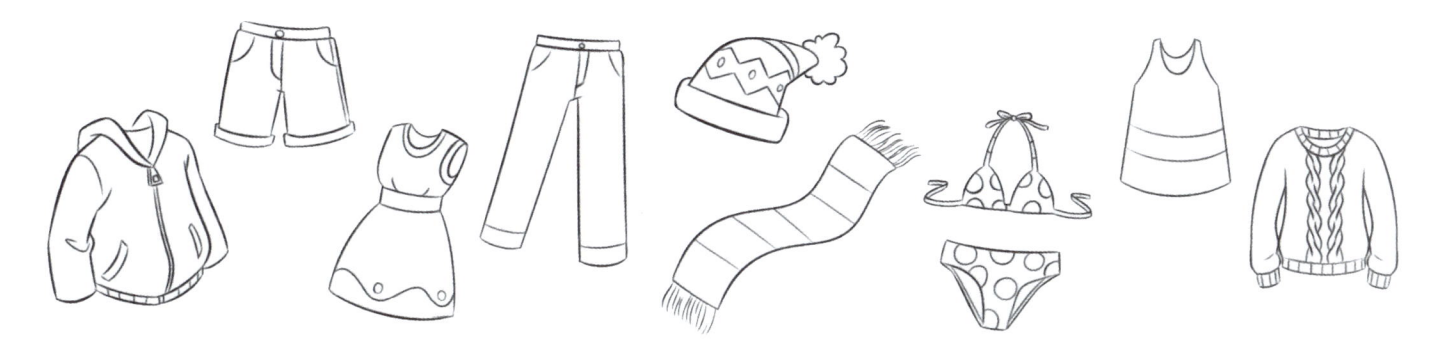

- POR QUE AS ROUPAS QUE VOCÊ PINTOU SÃO AS MAIS ADEQUADAS PARA DIAS FRIOS?

NOS DIAS DE CHUVA, É IMPORTANTE USAR OBJETOS QUE NÃO DEIXAM A ÁGUA PASSAR, COMO BOTAS DE BORRACHA E GUARDA-CHUVA.

19 CIRCULE OS OBJETOS QUE DEVEM SER USADOS EM DIAS CHUVOSOS.

- AGORA, IMAGINE UM DIA ENSOLARADO. QUAIS DOS OBJETOS ACIMA VOCÊ DEVERIA USAR PARA SAIR DE CASA?

_____

_____

CAPÍTULO 3

LAZER EM FAMÍLIA

AS ATIVIDADES DE LAZER SÃO AQUELAS QUE FAZEMOS PARA NOS DIVERTIR.

ASSISTIR À TELEVISÃO, IR AO PARQUE OU VISITAR UM MUSEU SÃO ALGUNS EXEMPLOS DE ATIVIDADES DE LAZER.

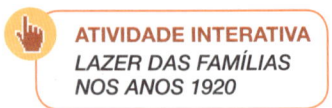

ATIVIDADE INTERATIVA
LAZER DAS FAMÍLIAS NOS ANOS 1920

1. OBSERVE AS IMAGENS E MARQUE AS ATIVIDADES DE LAZER QUE VOCÊ COSTUMA FAZER COM SUA FAMÍLIA.

FAMÍLIA FAZENDO PIQUENIQUE, EM 2016.

FAMÍLIA ASSISTINDO À TELEVISÃO, EM 2014.

FAMÍLIA BRINCANDO NO PARQUE, EM 2015.

FAMÍLIA CAMINHANDO NA PRAIA, EM 2015.

2. PERGUNTE A UM FAMILIAR O QUE ELE FAZIA PARA SE DIVERTIR QUANDO ERA CRIANÇA.

- ELE COSTUMAVA FAZER AS MESMAS COISAS QUE VOCÊ? CONTE O QUE VOCÊ DESCOBRIU PARA OS COLEGAS E O PROFESSOR.

AS ATIVIDADES DE LAZER PODEM SER REALIZADAS EM DIVERSOS LUGARES, COMO PARQUES E PRAÇAS, POR EXEMPLO.

OS PARQUES E AS PRAÇAS SÃO **ESPAÇOS PÚBLICOS**, ISTO É, ELES PODEM SER UTILIZADOS POR TODAS AS PESSOAS PARA PASSEAR, BRINCAR E PRATICAR ESPORTES.

OS ESPAÇOS PÚBLICOS TAMBÉM PODEM SER UTILIZADOS PARA MANIFESTAÇÕES CULTURAIS, COMO APRESENTAÇÕES DE MÚSICA E DE TEATRO.

3 OBSERVE AS IMAGENS E DEPOIS RESPONDA ÀS QUESTÕES.

BRINCAR NO PARQUE.

ESCOVAR OS DENTES.

JOGAR *VIDEOGAME*.

PASSEAR COM O CÃO.

BRINCAR NO BALANÇO.

FAZER A LIÇÃO.

- QUAIS IMAGENS REPRESENTAM ATIVIDADES DE LAZER?

- QUAIS IMAGENS PODEM REPRESENTAR ESPAÇOS PÚBLICOS?

VAMOS AO PARQUE?

NO PARQUE PODEMOS REALIZAR DIVERSAS ATIVIDADES DE LAZER, COMO BRINCAR COM AMIGOS E FAMILIARES, ORGANIZAR PIQUENIQUES E PRATICAR ESPORTES.

EM ALGUNS PARQUES, É POSSÍVEL CAMINHAR EM TRILHAS PARA OBSERVAR DIFERENTES ANIMAIS E PLANTAS. MAS ESSE PASSEIO DEVE SER FEITO SEMPRE NA COMPANHIA DE UM ADULTO.

PARQUE NO MUNICÍPIO DE BELO HORIZONTE, NO ESTADO DE MINAS GERAIS, EM 2016.

4 MARQUE AS ATITUDES CORRETAS DURANTE UMA CAMINHADA NO PARQUE.

FOTOGRAFAR OS ANIMAIS.

JOGAR LIXO NO CHÃO.

COMER FRUTOS DAS PLANTAS.

CAMINHAR COM UM ADULTO.

 • POR QUE VOCÊ MARCOU ESSAS ATITUDES? CONVERSE SOBRE ISSO COM OS COLEGAS E O PROFESSOR.

VAMOS À PRAÇA?

NA PRAÇA PODEMOS FAZER DIVERSAS ATIVIDADES, COMO BRINCAR COM OS AMIGOS, PASSEAR COM O CACHORRO E OBSERVAR OS PÁSSAROS.

5 OBSERVE A IMAGEM DE ALGUMAS CRIANÇAS BRINCANDO NA PRAÇA E RESPONDA ÀS QUESTÕES.

- NA GANGORRA, QUEM ESTÁ EM CIMA? E EMBAIXO?

_____

- NO ESCORREGADOR, QUEM ESTÁ NA FRENTE DE RAUL?

_____

- NO GIRA-GIRA, QUEM ESTÁ ENTRE CAIO E MARCOS?

_____

VAMOS AO MUSEU?

O MUSEU TAMBÉM PODE SER UM ESPAÇO PÚBLICO. NELE, PODEMOS APRENDER MUITAS COISAS.

EXISTEM MUSEUS DE VÁRIOS TIPOS: DE SERES VIVOS, DE HISTÓRIA, DE ARTE E CULTURA, DE CIÊNCIA E TECNOLOGIA, ENTRE OUTROS.

VAMOS CONHECER ALGUNS MUSEUS?

NO MUSEU CATAVENTO É POSSÍVEL APRENDER SOBRE CIÊNCIA E TECNOLOGIA.

MUSEU CATAVENTO, NO MUNICÍPIO DE SÃO PAULO, NO ESTADO DE SÃO PAULO, EM 2015.

NA CASA DO MARANHÃO É POSSÍVEL CONHECER A CULTURA BRASILEIRA.

CASA DO MARANHÃO, NO MUNICÍPIO DE SÃO LUÍS, NO ESTADO DO MARANHÃO, EM 2016.

6 VOCÊ JÁ VISITOU UM MUSEU? CONTE AOS COLEGAS E AO PROFESSOR O QUE VOCÊ APRENDEU NO MUSEU.

HORA DA LEITURA

- *VISITANDO UM MUSEU*, DE FLORENCE DUCATTEAU, EDITORA BRINQUE-BOOK.

VAMOS À PRAIA?

A PRAIA TAMBÉM É UM ESPAÇO PÚBLICO. NELA PODEMOS TOMAR BANHO DE MAR, SURFAR E BRINCAR NA ÁGUA E NA AREIA.

O GUARDA-SOL É UM ACESSÓRIO MUITO IMPORTANTE NA PRAIA. FICAR SOB SUA SOMBRA AJUDA A PROTEGER A PELE DOS RAIOS SOLARES.

VANESSA ALEXANDRE

7 LIGUE OS OBJETOS USADOS NA PRAIA À SUA CARACTERÍSTICA.

PIPA

FLUTUA NA ÁGUA.

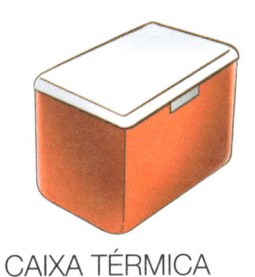

CAIXA TÉRMICA

VOA COM O VENTO.

GUARDA-SOL

AJUDA A CAVAR.

FORNECE SOMBRA.

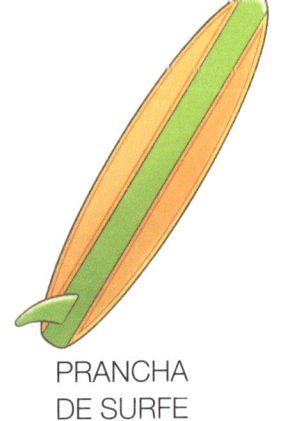

PRANCHA DE SURFE

PÁ

MANTÉM AS BEBIDAS E OS ALIMENTOS FRESCOS.

ILUSTRAÇÕES: GEORGE TUTUMI

CUIDADOS NA PRAIA

PASSEAR NA PRAIA É AGRADÁVEL, MAS É PRECISO TER ALGUNS CUIDADOS COM A SAÚDE E O BEM-ESTAR.

LEIA AS DICAS A SEGUIR.

- EVITE IR À PRAIA NOS HORÁRIOS EM QUE A LUZ E O CALOR DO SOL SÃO MAIS INTENSOS: DAS 10 HORAS DA MANHÃ ÀS 4 HORAS DA TARDE.

- PROTEJA-SE DO SOL USANDO PROTETOR SOLAR E CHAPÉU. SEMPRE QUE POSSÍVEL, FIQUE DEBAIXO DE UM GUARDA-SOL.

- BEBA BASTANTE ÁGUA.

- SEMPRE ENTRE NO MAR ACOMPANHADO POR UM ADULTO.

- NUNCA SE AFASTE DOS ADULTOS PARA NÃO SE PERDER.

ALÉM DE CUIDAR DE SI MESMO, É IMPORTANTE CUIDAR DA PRAIA. POR ISSO, NÃO JOGUE LIXO NA AREIA E NA ÁGUA NEM LEVE ANIMAIS PARA A PRAIA. ASSIM, ELA ESTARÁ SEMPRE LIMPA PARA O LAZER.

ILUSTRAÇÕES: VANESSA ALEXANDRE

COMPREENDA A LEITURA

1 COMPLETE OS QUADRINHOS INDICANDO O PERÍODO DO DIA EM QUE A LUZ E O CALOR DO SOL SÃO MAIS INTENSOS.

DAS ⬜ HORAS DA MANHÃ ÀS ⬜ HORAS DA TARDE.

2 CIRCULE OS ACESSÓRIOS QUE AJUDAM A SE PROTEGER DO SOL.

3 MARQUE A ATITUDE ADEQUADA DURANTE UM PASSEIO À PRAIA.

JOGAR LIXO NA ÁGUA. LEVAR ANIMAIS À PRAIA. USAR FILTRO SOLAR.

 • POR QUE VOCÊ MARCOU ESSA ATITUDE?

FAÇA A SUA PARTE

DEVEMOS MANTER A PRAIA LIMPA PARA QUE TODOS POSSAM APROVEITÁ-LA.

4 DESENHE EM UMA FOLHA AVULSA ATITUDES QUE AJUDAM A MANTER A PRAIA LIMPA.

 • APRESENTE SEU DESENHO E EXPLIQUE AOS COLEGAS POR QUE VOCÊ DESENHOU ESSAS ATITUDES.

O DIA A DIA DAS FAMÍLIAS

MUITOS ARTISTAS REPRESENTARAM O DIA A DIA DAS FAMÍLIAS EM SUAS OBRAS DE ARTE.

QUE TAL CONHECER ALGUMAS OBRAS DE ARTE QUE TIVERAM COMO INSPIRAÇÃO AS ATIVIDADES REALIZADAS EM FAMÍLIA?

A ARTISTA CONSTÂNCIA NERY REPRESENTOU CRIANÇAS JOGANDO FUTEBOL E ALGUMAS FAMÍLIAS ASSISTINDO AO JOGO.

FUTEBOL NA VÁRZEA, ACRÍLICA SOBRE TELA, DE CONSTÂNCIA NERY, 2006.

A ARTISTA HELENA COELHO REPRESENTOU UMA CENA MUITO COMUM NO DIA A DIA DAS FAMÍLIAS, A HORA DO ALMOÇO.

ALMOÇO EM FAMÍLIA, ÓLEO SOBRE TELA, DE HELENA COELHO, 2000.

A ARTISTA ANA MARIA DIAS REPRESENTOU UMA VISITA AO SÍTIO DA VOVÓ.

HOJE É DIA DA VOVÓ, ÓLEO SOBRE TELA, DE ANA MARIA DIAS, 2005.

A PINTORA BARBARA ROCHLITZ REPRESENTOU UMA FAMÍLIA FAZENDO PIQUENIQUE NO PARQUE.

PIC-NIC NA PRIMAVERA, ÓLEO SOBRE TELA, DE BARBARA ROCHLITZ, 2016.

1 QUAIS LUGARES FORAM REPRESENTADOS NAS OBRAS DE ARTE?

2 O QUE AS PESSOAS ESTÃO FAZENDO NELES?

3 VOCÊ JÁ FEZ ALGUMA DESSAS ATIVIDADES COM SEUS FAMILIARES? CONVERSE COM OS COLEGAS E O PROFESSOR SOBRE ISSO.

UNIDADE 3

LUGAR DE MORAR

CAIO E LAÍS PRECISAM GUARDAR OS BRINQUEDOS QUE ESTÃO ESPALHADOS EM SUA MORADIA. AJUDE-OS CIRCULANDO OS BRINQUEDOS QUE VOCÊ ENCONTRAR NA IMAGEM.

1. COMO É A MORADIA QUE APARECE NA IMAGEM?
2. COMO CAIO E LAÍS PODEM AJUDAR A MANTER A PRÓPRIA MORADIA ORGANIZADA?
3. VOCÊ COSTUMA AJUDAR NA ORGANIZAÇÃO DA SUA MORADIA?

ILUSTRAÇÕES: ALAN CARVALHO

COMO É A SUA MORADIA?

AS MORADIAS PODEM SER MUITO DIFERENTES UMAS DAS OUTRAS. LEIA O TRECHO DO POEMA SOBRE UMA CASA.

CASA MALUCA

ESTA É A CASA MALUCA,
DE VELAS SOLTAS AO VENTO,
OS SONHOS SÃO SUA BÚSSOLA.
[...]
ESTA É A CASA BARCO,
ESTA É A CASA ABERTA,
COM UM JARDIM AO RELENTO.

ROSEANA MURRAY. *CASAS*. BELO HORIZONTE:
FORMATO EDITORIAL, 1994. P. 3.
(TÍTULO ADAPTADO).

SANDRA LAVANDEIRA

VOCÊ JÁ PENSOU EM COMO É A SUA MORADIA? E NAS ATIVIDADES QUE VOCÊ E SUA FAMÍLIA FAZEM NELA?

AGORA, VOCÊ VAI PREENCHER UMA FICHA COM ALGUMAS INFORMAÇÕES SOBRE A SUA MORADIA.

COMO FAZER

1. OBSERVE ATENTAMENTE A SUA MORADIA. VEJA, POR EXEMPLO, COMO SÃO OS AMBIENTES E DE QUE MATERIAIS ELA É FEITA.

2. DEPOIS, PREENCHA A FICHA DA PÁGINA AO LADO.

LAR DOCE LAR

1. VOCÊ MORA EM:

☐ CASA TÉRREA.   ☐ SOBRADO.   ☐ APARTAMENTO.

2. A SUA MORADIA É FEITA DE QUAIS MATERIAIS?

☐ PALHA   ☐ MADEIRA   ☐ TIJOLO   ☐ BARRO

3. A SUA MORADIA TEM ESCADAS?   ☐ SIM   ☐ NÃO

4. EM QUAL AMBIENTE VOCÊ COSTUMA ESTUDAR?

☐ SALA   ☐ QUARTO   ☐ COZINHA

5. EM QUAL AMBIENTE VOCÊ COSTUMA FAZER AS REFEIÇÕES?

☐ COZINHA   ☐ SALA   ☐ QUARTO

6. EM QUAL AMBIENTE VOCÊ TOMA BANHO?

☐ LAVANDERIA   ☐ BANHEIRO   ☐ QUARTO

7. DE QUAL AMBIENTE DA SUA MORADIA VOCÊ MAIS GOSTA?

_____

_____

PARA RESPONDER

1 COMO É A CASA DO POEMA?

2 COMPARE A SUA MORADIA COM A CASA DO POEMA. QUAIS SÃO AS SEMELHANÇAS? E AS DIFERENÇAS?

IVAN COUTINHO

CAPÍTULO 1

OS AMBIENTES DA MORADIA

A MORADIA É O LUGAR ONDE CONVIVEMOS COM NOSSA FAMÍLIA E COM NOSSOS AMIGOS. NELA BRINCAMOS, FAZEMOS AS REFEIÇÕES, DORMIMOS E DESCANSAMOS.

A MORADIA É UM ABRIGO QUE NOS PROTEGE DO FRIO, DA CHUVA E DO CALOR.

1 DESENHE A SUA MORADIA E AS PESSOAS QUE MORAM COM VOCÊ.

OS AMBIENTES DA MORADIA SÃO CHAMADOS **CÔMODOS**.
O QUARTO, A SALA, A COZINHA E O BANHEIRO SÃO
ALGUNS CÔMODOS DA MORADIA.

CADA CÔMODO DA MORADIA TEM UMA FUNÇÃO.

2 ESCREVA O NOME DE CADA CÔMODO E, DEPOIS, LIGUE CADA
CÔMODO A SUA FUNÇÃO.

_____

LOCAL ONDE SE
TOMA BANHO.

_____

LOCAL ONDE
SE PREPARAM
AS REFEIÇÕES.

_____

LOCAL ONDE
SE DORME E SE
DESCANSA.

_____

LOCAL ONDE
SE RECEBEM
OS AMIGOS.

3 EM QUAL CÔMODO DA MORADIA VOCÊ E SUA FAMÍLIA PASSAM
MAIS TEMPO?

_____

 • QUAIS ATIVIDADES VOCÊS REALIZAM NESSE CÔMODO?

A MORADIA DE LÍGIA

LÍGIA É UMA MENINA DE 7 ANOS DE IDADE. ELA MORA COM SUA MÃE, GLÓRIA, SUA AVÓ, MARIA, E SEU IRMÃO, CARLOS.

OBSERVE A MORADIA DE LÍGIA E, DEPOIS, RESPONDA ÀS QUESTÕES.

4 QUANTOS CÔMODOS TEM NA MORADIA DE LÍGIA? ☐

- QUAIS SÃO ESSES CÔMODOS?

_____

5 COMPLETE A FRASE A SEGUIR COM AS PALAVRAS **DENTRO** E **FORA**.

LÍGIA BRINCA COM SEUS CÃES _____ DA MORADIA,

ENQUANTO CARLOS JOGA XADREZ COM SUA AVÓ _____

DA MORADIA.

- O QUE A PALAVRA **ENQUANTO** SIGNIFICA NESSA FRASE?

_____

AGORA, OBSERVE O QUARTO DE LÍGIA E DE CARLOS.

ILUSTRAÇÕES: VANESSA ALEXANDRE

6 CIRCULE O OBJETO QUE ESTÁ PERTO DAS CAMAS.

7 CIRCULE O OBJETO QUE ESTÁ LONGE DAS CAMAS.

8 A BOLA ESTÁ:

☐ PERTO DO GUARDA-ROUPA.   ☐ LONGE DO GUARDA-ROUPA.

9 O CRIADO-MUDO ESTÁ:

☐ ATRÁS DAS CAMAS.   ☐ ENTRE AS CAMAS.

87

LÍGIA GOSTA DE BRINCAR COM SEUS CÃES, LUPI E TINA. A BRINCADEIRA PREFERIDA DELES É CORRER PARA PEGAR A BOLINHA.

10 NA IMAGEM ACIMA, LUPI ESTÁ À DIREITA DE LÍGIA.

- PINTE LUPI DE MARROM.

11 ONDE ESTÁ TINA?

☐ À ESQUERDA DE LÍGIA.   ☐ À DIREITA DE LÍGIA.

- PINTE TINA DE AMARELO.

12 LÍGIA ESTÁ SEGURANDO A BOLINHA:

☐ COM A MÃO ESQUERDA.   ☐ COM A MÃO DIREITA.

13 DESENHE UMA BOLA PERTO DO PÉ ESQUERDO DE LÍGIA.

NA COZINHA, A MÃE E A AVÓ DE LÍGIA GUARDAM OS ALIMENTOS E PREPARAM AS REFEIÇÕES.

PARA QUE NÃO ESTRAGUEM, ALGUNS ALIMENTOS DEVEM SER MANTIDOS DENTRO DA GELADEIRA. OBSERVE A IMAGEM.

14 EM SUA OPINIÃO, O QUE VAI ACONTECER COM O SUCO QUE ESTÁ FORA DA GELADEIRA?

☐ O SUCO VAI FICAR MAIS GELADO.

☐ O SUCO VAI FICAR MAIS QUENTE.

- O QUE VAI ACONTECER COM AS PEDRAS DE GELO?

_____

15 EM SUA OPINIÃO, QUAL É O LUGAR ADEQUADO PARA GUARDAR O SUCO?

_____

- E A ALFACE?

_____

16 A AVÓ DE LÍGIA ESTÁ PREPARANDO UM BOLO. O QUE VAI ACONTECER COM A MASSA DO BOLO DENTRO DO FORNO?

_____

REPRESENTANDO UM CÔMODO DA MORADIA

VOCÊ VAI REPRESENTAR UM CÔMODO DA SUA MORADIA POR MEIO DE UMA MAQUETE E, EM SEGUIDA, VAI CRIAR UMA PLANTA.

A **PLANTA** É A REPRESENTAÇÃO DE UM LUGAR VISTO DE CIMA.

MATERIAL

- ✔ CAIXA DE SAPATOS
- ✔ CAIXINHAS DE VÁRIOS TAMANHOS
- ✔ TESOURA COM PONTAS ARREDONDADAS
- ✔ COLA
- ✔ LÁPIS E CANETINHAS COLORIDAS
- ✔ PAPEL COLORIDO PARA ENCAPAR
- ✔ PAPEL VEGETAL
- ✔ FITA ADESIVA

COMO FAZER

1. NA CAIXA DE SAPATOS, DESENHE A JANELA E A PORTA NA MESMA POSIÇÃO EM QUE ESTÃO NO CÔMODO QUE VOCÊ ESCOLHEU REPRESENTAR.

2. USE AS CAIXINHAS DE VÁRIOS TAMANHOS PARA REPRESENTAR OS MÓVEIS DO CÔMODO. ENCAPE AS CAIXINHAS COM PAPEL COLORIDO OU, SE PREFERIR, PINTE-AS.

3. COLE AS CAIXINHAS NA MESMA POSIÇÃO DOS MÓVEIS DO CÔMODO. A MAQUETE ESTARÁ PRONTA.

4. AGORA, CUBRA A MAQUETE COM O PAPEL VEGETAL E PRENDA AS LATERAIS COM FITA ADESIVA.

5. COM UMA CANETINHA COLORIDA, DESENHE NO PAPEL VEGETAL O CONTORNO DA CAIXA DE SAPATOS E DAS CAIXINHAS QUE REPRESENTAM OS MÓVEIS.

6. RETIRE O PAPEL VEGETAL, E A PLANTA ESTARÁ PRONTA.

PARA RESPONDER

1 QUAL CÔMODO DA SUA MORADIA VOCÊ REPRESENTOU?

_____

2 IMAGINE QUE VOCÊ ESTÁ NA PORTA DO CÔMODO QUE REPRESENTOU E RESPONDA.

- QUAL MÓVEL ESTÁ MAIS PERTO DA PORTA? E MAIS LONGE?

_____

- QUAL MÓVEL ESTÁ À DIREITA DA PORTA? E À ESQUERDA?

_____

_____

3 COMPARE A MAQUETE E A PLANTA QUE VOCÊ PRODUZIU.

- HÁ SEMELHANÇAS ENTRE A MAQUETE E A PLANTA DO CÔMODO? HÁ DIFERENÇAS? QUAIS?

A MORADIA YANOMAMI

AS FORMAS DE MORAR DAS PESSOAS VARIAM DE ACORDO COM OS COSTUMES QUE ELAS TÊM.

MUITOS POVOS INDÍGENAS TÊM MORADIAS COLETIVAS. É O CASO DO POVO INDÍGENA YANOMAMI, CUJAS VÁRIAS FAMÍLIAS VIVEM JUNTAS NA MESMA MORADIA.

O POVO YANOMAMI CONSTRÓI UMA GRANDE MORADIA CHAMADA **SHABONO**.

A SHABONO NÃO TEM CÔMODOS. CADA FAMÍLIA OCUPA UM ESPAÇO DETERMINADO, QUE É RESPEITADO POR TODOS.

INTERIOR DE MORADIA YANOMAMI, NO MUNICÍPIO DE BARCELOS, NO ESTADO DO AMAZONAS, EM 2012.

1 QUAL É O NOME DA MORADIA YANOMAMI?

_____

2 HÁ CÔMODOS NA MORADIA YANOMAMI?

☐ SIM   ☐ NÃO

3 COMO VOCÊ IMAGINA QUE É VIVER EM UMA MORADIA SEM CÔMODOS? CONVERSE COM OS COLEGAS E O PROFESSOR SOBRE ISSO.

VAMOS FAZER

VOCÊ COMPARTILHA SEU QUARTO OU OUTRO CÔMODO COM ALGUM FAMILIAR? SE SIM, COMO VOCÊS DECIDEM SOBRE A DIVISÃO E A ORGANIZAÇÃO DELE, POR EXEMPLO?

NESSES CASOS, É IMPORTANTE ESTABELECER REGRAS EM CONJUNTO QUE PERMITAM A CONVIVÊNCIA SAUDÁVEL.

IVAN COUTINHO

4 JUNTE-SE A UM COLEGA E CONVERSEM SOBRE O QUE É NECESSÁRIO PARA HAVER ENTENDIMENTO ENTRE AS PESSOAS QUE VIVEM NA MESMA MORADIA.

5 AGORA, COM BASE NAS CONCLUSÕES DE VOCÊS, ELABOREM REGRAS QUE PODEM CONTRIBUIR PARA A BOA CONVIVÊNCIA NA MORADIA.

_____

_____

_____

_____

- EM UMA CARTOLINA, REPRESENTEM ESSAS REGRAS POR MEIO DE DESENHOS.

- APRESENTEM O CARTAZ AOS COLEGAS E AO PROFESSOR, EXPLICANDO ESSAS REGRAS.

CAPÍTULO 2

CUIDADOS COM A MORADIA

OS CÔMODOS DA MORADIA DEVEM ESTAR SEMPRE LIMPOS PORQUE A FALTA DE HIGIENE PODE CAUSAR DIVERSAS DOENÇAS.

TODOS PODEM AJUDAR NA LIMPEZA E NA ORGANIZAÇÃO DA MORADIA.

DE MANHÃ, RENATA LIMPA A SALA. À TARDE, ELA TRABALHA EM UM HOSPITAL.

ANTES DE IR À ESCOLA, ANA ARRUMA SEU QUARTO.

QUANDO CHEGA DO TRABALHO, PAULO PREPARA O JANTAR.

DEPOIS DO JANTAR, RENATA LAVA A LOUÇA E DAVI ENXUGA E GUARDA.

1 VOCÊ AJUDA NA LIMPEZA E NA ORGANIZAÇÃO DA SUA MORADIA? COMO?

2 OBSERVE AS IMAGENS E ESCREVA QUEM É RESPONSÁVEL POR REALIZAR CADA TAREFA EM SUA MORADIA.

VARRER O CHÃO.

_____

LAVAR A LOUÇA.

_____

LAVAR A ROUPA.

_____

PASSAR A ROUPA.

_____

TIRAR O PÓ.

_____

COZINHAR OS ALIMENTOS.

_____

A LIMPEZA DOS CÔMODOS

DAVI RESOLVEU ORGANIZAR O QUARTO DELE. OBSERVE NAS IMAGENS O QUARTO DE DAVI ANTES E DEPOIS DA ORGANIZAÇÃO.

3 LIGUE AS CENAS DO QUARTO ANTES DA ORGANIZAÇÃO ÀS CENAS CORRESPONDENTES AO QUARTO DEPOIS DA ORGANIZAÇÃO.

ARRUMOU A CAMA.

ARRUMOU AS ROUPAS.

ORGANIZOU A MESA.

GUARDOU OS OBJETOS NOS LOCAIS CORRETOS.

4 VOCÊ COSTUMA MANTER SEU QUARTO ORGANIZADO? COMO?

5 ESCREVA DUAS REGRAS QUE VOCÊ PODE ADOTAR PARA MANTER SEU QUARTO ORGANIZADO. POR EXEMPLO:

GUARDAR OS SAPATOS NO ARMÁRIO DEPOIS DE USÁ-LOS.

REGRA 1: _____

REGRA 2: _____

A COZINHA TAMBÉM É UM CÔMODO QUE DEVE SER MANTIDO LIMPO.

RESTOS DE ALIMENTOS PODEM ATRAIR ANIMAIS, COMO BARATAS E RATOS, QUE PODEM TRANSMITIR DOENÇAS.

6 OBSERVE A IMAGEM E ESCREVA UMA LEGENDA PARA CADA UMA DAS ATITUDES QUE CONTRIBUEM PARA A LIMPEZA DA COZINHA.

FABIANA FAIALLO

1. _____

2. _____

3. _____

AO DESCARTAR O LIXO, É IMPORTANTE SEPARAR OS RESTOS DE ALIMENTOS E PAPÉIS SUJOS DAS EMBALAGENS DE PLÁSTICO, DAS LATAS E DOS RECIPIENTES DE VIDRO.

7 CIRCULE CADA TIPO DE LIXO USANDO AS CORES INDICADAS NA LEGENDA.

■ PAPÉIS SUJOS E RESTOS DE ALIMENTOS

■ LATAS E RECIPIENTES DE VIDRO

RAITAN OHI

O BOM USO DA ÁGUA

A ÁGUA É UTILIZADA EM MUITAS SITUAÇÕES DO DIA A DIA, POR EXEMPLO, PARA COZINHAR, LAVAR A LOUÇA, LIMPAR O CHÃO E TOMAR BANHO.

NO ENTANTO, ELA DEVE SER UTILIZADA NA QUANTIDADE NECESSÁRIA, SEM DESPERDÍCIO, PARA QUE NÃO FALTE.

> **DESPERDÍCIO:** GASTO EXAGERADO, SEM PROVEITO.

8 OBSERVE AS IMAGENS.

- AGORA, ASSOCIE AS IMAGENS ÀS ATITUDES QUE PODEM EVITAR O DESPERDÍCIO DE ÁGUA.

☐ MANTER A TORNEIRA FECHADA ENQUANTO ENSABOA A LOUÇA.

☐ USAR VASSOURA E BALDE EM VEZ DE MANGUEIRA PARA LIMPAR QUINTAIS E CALÇADAS.

9 COMO VOCÊ EVITA O DESPERDÍCIO DE ÁGUA NO DIA A DIA? CONVERSE COM OS COLEGAS E O PROFESSOR SOBRE ISSO.

CUIDADOS COM OS ANIMAIS DA MORADIA

EM MORADIAS EM QUE HÁ ANIMAIS DE ESTIMAÇÃO, A LIMPEZA DOS CÔMODOS DEVE SER MAIOR, POIS TANTO AS PESSOAS COMO OS ANIMAIS PRECISAM VIVER EM LOCAIS LIMPOS.

OS ANIMAIS DE ESTIMAÇÃO TAMBÉM NECESSITAM DE CUIDADOS DE HIGIENE PARA MANTER A BOA SAÚDE.

10 TRACE UM CAMINHO PASSANDO PELOS CUIDADOS DE HIGIENE QUE GARANTEM A BOA SAÚDE DOS ANIMAIS DE ESTIMAÇÃO.

FABIANA FAIALLO

• POR QUAIS CUIDADOS VOCÊ PASSOU? COMENTE COM OS COLEGAS E O PROFESSOR.

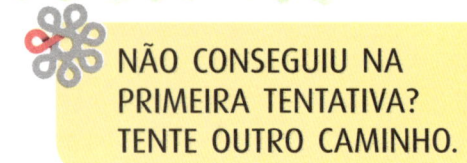 NÃO CONSEGUIU NA PRIMEIRA TENTATIVA? TENTE OUTRO CAMINHO.

11 MARQUE OS CUIDADOS NECESSÁRIOS COM OS PEIXES.

- ☐ DAR BANHO.
- ☐ LIMPAR O AQUÁRIO.
- ☐ ESCOVAR OS PELOS.
- ☐ ALIMENTAR.

JOHNFOTO18/SHUTTERSTOCK

OS ANIMAIS DE ESTIMAÇÃO PRECISAM DE ALIMENTO E ÁGUA. TAMBÉM PRECISAM BRINCAR, PASSEAR, TER UM LUGAR SEGURO E CONFORTÁVEL PARA DORMIR E SER TRATADOS COM RESPEITO E CARINHO.

12 LEIA A TIRINHA E RESPONDA ÀS QUESTÕES.

BIDU E FRANJINHA

MAURICIO DE SOUSA

- QUAL É O CUIDADO QUE FRANJINHA TEVE COM BIDU?

- O QUE A MÃE DO FRANJINHA QUIS DIZER AO AFIRMAR QUE O MENINO NÃO ENTENDEU DIREITO?

- EM SUA OPINIÃO, QUAL SERIA O LUGAR MAIS ADEQUADO PARA BIDU DORMIR?

ALGUNS ANIMAIS SÃO ABANDONADOS NAS RUAS. POR ISSO, EXISTEM CAMPANHAS DE ADOÇÃO DE ANIMAIS, QUE TENTAM ENCONTRAR PESSOAS PARA CUIDAR DELES.

13 VOCÊ CONHECE ALGUM ANIMAL ADOTADO? QUAL?

14 EM SUA OPINIÃO, POR QUE AS CAMPANHAS DE ADOÇÃO DE ANIMAIS SÃO IMPORTANTES? CONVERSE COM OS COLEGAS E O PROFESSOR.

CAMPANHA DE ADOÇÃO DE ANIMAIS NO MUNICÍPIO DO RECIFE, NO ESTADO DE PERNAMBUCO, EM 2015.

CAPÍTULO 3

AS MORADIAS NÃO SÃO IGUAIS

EXISTEM DIVERSOS TIPOS DE MORADIA.

A **CASA TÉRREA** É UMA MORADIA COM APENAS UM ANDAR.

O **SOBRADO** É UMA MORADIA COM MAIS DE UM ANDAR.

O **APARTAMENTO** É UMA MORADIA QUE FICA EM UM PRÉDIO DE VÁRIOS ANDARES.

ANIMAÇÃO
MORADIAS NO BRASIL

1 OBSERVE AS IMAGENS E ESCREVA QUE TIPO DE MORADIA CADA UMA MOSTRA.

MORADIA NO MUNICÍPIO DE GARIBALDI, NO ESTADO DO RIO GRANDE DO SUL, EM 2012.

_____

MORADIA NO MUNICÍPIO DE SÃO JOSÉ DOS CAMPOS, NO ESTADO DE SÃO PAULO, EM 2016.

_____

MORADIA NO MUNICÍPIO DE JACUTINGA, NO ESTADO DE MINAS GERAIS, EM 2014.

_____

• ALGUMA DESSAS MORADIAS SE PARECE COM A SUA? QUAL?

AS MORADIAS SÃO FEITAS DE DIVERSOS MATERIAIS

NA CONSTRUÇÃO DE MORADIAS SÃO USADOS DIVERSOS MATERIAIS.

AS MORADIAS DE ALVENARIA SÃO CONSTRUÍDAS COM **TIJOLOS** E **CIMENTO**.

JOÃO PRUDENTE/PULSAR IMAGENS

MORADIA DE ALVENARIA NO MUNICÍPIO DE BERTIOGA, NO ESTADO DE SÃO PAULO, EM 2014.

AS PALAFITAS SÃO MORADIAS DE **MADEIRA** CONSTRUÍDAS ÀS MARGENS DE RIOS. ELAS SÃO APOIADAS SOBRE ESTACAS ALTAS PARA QUE A ÁGUA NÃO ENTRE NELAS DURANTE A ÉPOCA DE CHUVAS, QUANDO OS RIOS FICAM MAIS CHEIOS.

EDSON GRANDISOLI/PULSAR IMAGENS

PALAFITAS ÀS MARGENS DO RIO NEGRO, NO MUNICÍPIO DE IRANDUBA, NO ESTADO DO AMAZONAS, EM 2015.

 **2** COM QUAIS MATERIAIS AS MORADIAS DE ALVENARIA E AS PALAFITAS SÃO CONSTRUÍDAS?

AS CASAS DE PAU A PIQUE, TAMBÉM CONHECIDAS COMO CASAS DE TAIPA DE MÃO, SÃO CONSTRUÍDAS COM **BARRO** E **MADEIRA**.

CASA DE PAU A PIQUE NO MUNICÍPIO DE PETROLINA, NO ESTADO DE PERNAMBUCO, EM 2016.

ALGUMAS MORADIAS PODEM SER CONSTRUÍDAS COM **PEDRAS**.

MORADIA DE PEDRA NO MUNICÍPIO DE BENTO GONÇALVES, NO ESTADO DO RIO GRANDE DO SUL, EM 2016.

3 QUE DIFERENÇAS HÁ ENTRE AS MORADIAS MOSTRADAS NAS IMAGENS ACIMA?

HORA DA LEITURA
- *CASAS*, DE ROSEANA MURRAY, EDITORA FORMATO.

AS MORADIAS INDÍGENAS PODEM SER CONSTRUÍDAS COM **PALHA**, **FOLHAS** E **MADEIRA**.

RENATO SOARES/PULSAR IMAGENS

MORADIA INDÍGENA NO MUNICÍPIO DE SÃO FÉLIX DO XINGU, NO ESTADO DO PARÁ, EM 2015.

AS MORADIAS INDÍGENAS SÃO CONSTRUÍDAS DE VÁRIAS MANEIRAS, DE ACORDO COM OS COSTUMES DE CADA POVO.

RICARDO TELES/PULSAR IMAGENS

MORADIA INDÍGENA NO PARQUE DO XINGU, NO ESTADO DE MATO GROSSO, EM 2014.

4 QUAIS SÃO AS SEMELHANÇAS ENTRE ESSAS MORADIAS? E AS DIFERENÇAS?

5 LIGUE CADA CRIANÇA À IMAGEM DA SUA MORADIA. DEPOIS, LIGUE CADA MORADIA AOS MATERIAIS UTILIZADOS NA SUA CONSTRUÇÃO.

EU MORO EM UMA CASA TÉRREA.

PALAFITA.

CIMENTO

TIJOLO

EU MORO EM UMA CASA ÀS MARGENS DE UM RIO.

MORADIA DE ALVENARIA.

MADEIRA

ILUSTRAÇÕES: VANESSA ALEXANDRE

6 CIRCULE OS MATERIAIS QUE FORAM UTILIZADOS NA CONSTRUÇÃO DA SUA MORADIA.

MADEIRA.

TIJOLO.

PALHA.

VIDRO.

CIMENTO.

FOLHA.

ILUSTRAÇÕES: FABIANA FAIALLO

AS MORADIAS DE ALVENARIA SÃO CONSTRUÍDAS COM TIJOLOS. ALGUNS TIJOLOS SÃO FEITOS A PARTIR DA ARGILA, UM TIPO DE SOLO MALEÁVEL, QUE PODE SER MOLDADO EM DIFERENTES FORMATOS.

OBSERVE A SEQUÊNCIA DE IMAGENS QUE MOSTRAM COMO ESSES TIJOLOS SÃO PRODUZIDOS.

A ARGILA, AINDA MALEÁVEL, É COLOCADA EM FÔRMAS COM FORMATO DE TIJOLOS.

EM SEGUIDA, ELA É RETIRADA DAS FÔRMAS E COLOCADA PARA SECAR.

DEPOIS DE SECA, A ARGILA, EM FORMATO DE TIJOLO, É COLOCADA EM UM FORNO PARA ASSAR E SE TORNA UM MATERIAL DURO E RESISTENTE.

7 MARQUE AS CARACTERÍSTICAS DA ARGILA E DO TIJOLO.

- A ARGILA É UM MATERIAL: ☐ MALEÁVEL. ☐ DURO.

- O TIJOLO É UM MATERIAL: ☐ MALEÁVEL. ☐ DURO.

8 DE ACORDO COM A SEQUÊNCIA DE IMAGENS, POR QUE O TIJOLO FICOU DURO?

A CONSTRUÇÃO DAS MORADIAS

AS MORADIAS PODEM SER CONSTRUÍDAS DE DIFERENTES MANEIRAS.

AS PESSOAS PODEM CONSTRUIR SUA PRÓPRIA MORADIA
OU CONTRATAR PROFISSIONAIS PARA FAZÊ-LAS.

HÁ AINDA AS EMPRESAS ESPECIALIZADAS EM CONSTRUIR MORADIAS,
QUE SÃO CHAMADAS DE CONSTRUTORAS.

CONSTRUÇÃO DE MORADIA NO MUNICÍPIO DE FLORESTA, NO ESTADO DE PERNAMBUCO, EM 2014.

9 PERGUNTE A UM FAMILIAR INFORMAÇÕES SOBRE A SUA MORADIA.
VOCÊ PODE FAZER AS SEGUINTES PERGUNTAS:

✔ QUANDO A MORADIA FOI CONSTRUÍDA?

_____

_____

✔ QUEM A CONSTRUIU?

_____

_____

✔ HÁ QUANTO TEMPO NOSSA FAMÍLIA VIVE NELA?

_____

_____

AS MORADIAS SÃO CONSTRUÍDAS EM VÁRIAS ETAPAS POR DIFERENTES PROFISSIONAIS.

OBSERVE AS ETAPAS DA CONSTRUÇÃO DE UMA MORADIA E AS ATIVIDADES QUE CADA PROFISSIONAL REALIZA.

A **ARQUITETA** DESENHA COMO SERÁ A MORADIA.

O **PEDREIRO** CONSTRÓI AS PAREDES DA MORADIA.

O **CARPINTEIRO** FAZ E INSTALA AS PORTAS E AS JANELAS DE MADEIRA.

O **PINTOR** FAZ A PINTURA DAS PAREDES DA MORADIA.

10 COMPLETE AS FRASES COM O PROFISSIONAL QUE REALIZA CADA ATIVIDADE NA CONSTRUÇÃO DA MORADIA.

- O _____ PINTA AS PAREDES DA MORADIA.
- O _____ FAZ E INSTALA AS PEÇAS DE MADEIRA.
- O _____ CONSTRÓI AS PAREDES DA MORADIA.
- O _____ DESENHA COMO SERÁ A MORADIA.

OS PROFISSIONAIS DA CONSTRUÇÃO

VOCÊ CONHECEU ALGUNS PROFISSIONAIS QUE TRABALHAM NA CONSTRUÇÃO DAS MORADIAS.

AGORA VOCÊ VAI FAZER UMA PESQUISA PARA CONHECER OUTROS PROFISSIONAIS ENVOLVIDOS NA MANUTENÇÃO E NA CONSTRUÇÃO DAS MORADIAS.

COMO FAZER

 1. REÚNA-SE COM UM COLEGA E ESCOLHAM UMA DAS PROFISSÕES A SEGUIR.

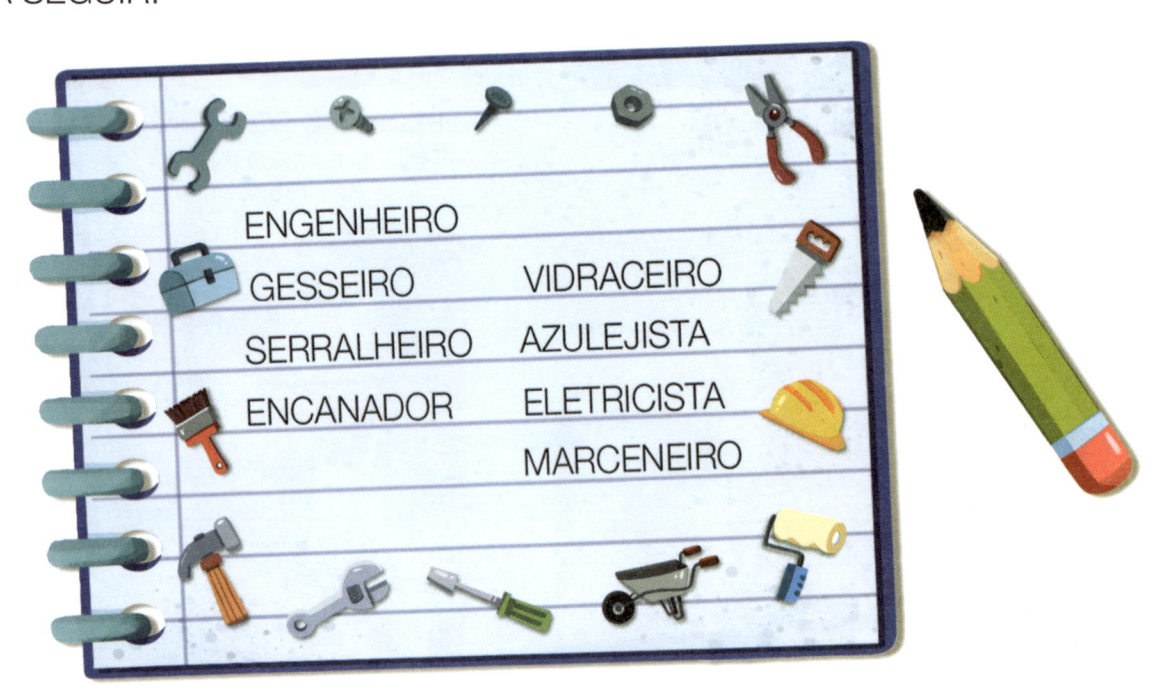

ENGENHEIRO
GESSEIRO   VIDRACEIRO
SERRALHEIRO   AZULEJISTA
ENCANADOR   ELETRICISTA
                  MARCENEIRO

2. PESQUISEM EM LIVROS, JORNAIS, REVISTAS OU NA INTERNET ALGUMAS INFORMAÇÕES SOBRE O TRABALHO DESSE PROFISSIONAL. PROCUREM RESPONDER ÀS SEGUINTES PERGUNTAS:

- QUAIS SÃO AS ATIVIDADES QUE ESSE PROFISSIONAL REALIZA?

- QUAIS SÃO AS FERRAMENTAS QUE ELE UTILIZA?

- QUAIS SÃO OS EQUIPAMENTOS DE SEGURANÇA E OS CUIDADOS QUE ESSE PROFISSIONAL DEVE TER AO REALIZAR SUAS ATIVIDADES?

3. ORGANIZEM UMA APRESENTAÇÃO COM AS INFORMAÇÕES PESQUISADAS. VOCÊS PODEM MOSTRAR ALGUMAS FOTOGRAFIAS DO TRABALHO DESSES PROFISSIONAIS, AS FERRAMENTAS QUE ELES UTILIZAM, OS EQUIPAMENTOS DE SEGURANÇA, ENTRE OUTROS.

4. DURANTE A APRESENTAÇÃO DOS COLEGAS, OUÇA AS INFORMAÇÕES SOBRE OS OUTROS PROFISSIONAIS COM ATENÇÃO.

OUÇA AS PESSOAS COM ATENÇÃO E RESPEITO! OUVIR O QUE AS PESSOAS TÊM A DIZER TAMBÉM É UMA FORMA DE APRENDER.

PARA RESPONDER

1 QUAL FOI O PROFISSIONAL QUE VOCÊS PESQUISARAM?

_____

2 RELACIONE O PROFISSIONAL DA CONSTRUÇÃO COM SEU MATERIAL DE TRABALHO.

1	VIDRACEIRO		CANOS DE ÁGUA
2	GESSEIRO		VIDROS
3	AZULEJISTA		FIOS ELÉTRICOS
4	ENCANADOR		GESSOS
5	ELETRICISTA		AZULEJOS

3 QUAL FOI O PROFISSIONAL QUE MAIS CHAMOU A SUA ATENÇÃO? POR QUÊ?

RAITAN OHI

AS MORADIAS DOS ANIMAIS

ATIVIDADE INTERATIVA
MORADIA DOS BICHOS

ALGUNS ANIMAIS TAMBÉM CONSTROEM MORADIAS PARA SE PROTEGER DO FRIO, DA CHUVA E DE OUTROS ANIMAIS.

PARA CONSTRUIR SUAS MORADIAS, ELES UTILIZAM MATERIAIS ENCONTRADOS NA NATUREZA.

O JOÃO-DE-BARRO, POR EXEMPLO, É UM PÁSSARO QUE CONSTRÓI SEU NINHO EM ÁRVORES COM BARRO E PALHA.

JOÃO-DE-BARRO CONSTRUINDO O SEU NINHO.

A COLMEIA É A MORADIA CONSTRUÍDA PELAS ABELHAS.

11 VOCÊ CONHECE OUTROS ANIMAIS QUE CONSTROEM SUAS MORADIAS? ESCREVA UM EXEMPLO.

12 AJUDE OS ANIMAIS A CHEGAR ÀS SUAS MORADIAS.

EBER EVANGELISTA

MORADIAS DE OUTROS TEMPOS

ALGUMAS MORADIAS CONSTRUÍDAS HÁ MUITOS ANOS ESTÃO PRESERVADAS ATÉ HOJE. POR MEIO DELAS, PODEMOS CONHECER COMO AS PESSOAS VIVIAM NO PASSADO.

NO ESTADO DO MARANHÃO, POR EXEMPLO, EXISTEM CASARÕES CONSTRUÍDOS HÁ MAIS DE 400 ANOS. ELES COSTUMAM TER DOIS ANDARES, VÁRIOS QUARTOS E AS FACHADAS DECORADAS COM AZULEJOS. ESSAS CARACTERÍSTICAS PODEM REVELAR QUE NELES VIVIAM FAMÍLIAS NUMEROSAS E RICAS.

CASARÃO COM FACHADA DE AZULEJOS NO MUNICÍPIO DE SÃO LUÍS, NO ESTADO DO MARANHÃO, EM 2014.

13 SOBRE OS CASARÕES DO MARANHÃO, RESPONDA:

- QUAIS SÃO AS CARACTERÍSTICAS DESSAS CONSTRUÇÕES?

  ☐ COSTUMAM TER DOIS ANDARES.

  ☐ COSTUMAM SER CASAS TÉRREAS.

  ☐ POSSUEM VÁRIOS QUARTOS.

  ☐ SÃO DECORADAS COM AZULEJOS.

- O QUE ESSAS CARACTERÍSTICAS PODEM REVELAR?

  _____

  _____

 • VOCÊ JÁ VIU UMA MORADIA PARECIDA COM ESSA? CONTE AOS COLEGAS E AO PROFESSOR ONDE A VIU E COMO ELA ERA.

ALGUMAS MORADIAS MUDAM BASTANTE COM O PASSAR DO TEMPO, OUTRAS NEM TANTO.

14 OBSERVE AS FOTOGRAFIAS QUE MOSTRAM AS MESMAS MORADIAS EM DATAS DIFERENTES. DEPOIS, RESPONDA ÀS QUESTÕES.

MORADIAS NA RUA BARÃO DE JAGUARA, NO MUNICÍPIO DE SÃO PAULO, NO ESTADO DE SÃO PAULO, EM 1970.

MORADIAS NA RUA BARÃO DE JAGUARA, NO MUNICÍPIO DE SÃO PAULO, NO ESTADO DE SÃO PAULO, EM 2017.

- EM QUE DATAS AS FOTOGRAFIAS FORAM FEITAS?

- VOCÊ OBSERVOU MUDANÇAS NESSAS MORADIAS AO LONGO DO TEMPO? QUAIS?

15 E A SUA MORADIA? MUDOU COM O PASSAR DO TEMPO? VAMOS DESCOBRIR?

> ✔ COM A AJUDA DE UM FAMILIAR, PESQUISE ALGUMAS FOTOGRAFIAS DA SUA MORADIA EM DIFERENTES DATAS.
> ✔ DEPOIS, ORGANIZE AS FOTOGRAFIAS POR DATA, DA MAIS ANTIGA PARA A MAIS ATUAL.
> ✔ COMPARE AS FOTOGRAFIAS E OBSERVE SE OCORRERAM MUDANÇAS AO LONGO DO TEMPO.

- DEPOIS, CONTE PARA OS COLEGAS E O PROFESSOR O QUE VOCÊ DESCOBRIU.

LUGARES DIFERENTES, MORADIAS DIFERENTES

EXISTEM DIFERENTES TIPOS DE MORADIA NO MUNDO. ELAS PODEM SER CONSTRUÍDAS DE VÁRIAS MANEIRAS E COM DIFERENTES MATERIAIS. VAMOS CONHECER ALGUMAS DELAS.

ALGUMAS PESSOAS VIVEM EM MORADIAS FLUTUANTES. ESSAS MORADIAS SÃO CONSTRUÍDAS SOBRE TORAS DE MADEIRA E FLUTUAM NA ÁGUA.

MORADIA FLUTUANTE NA ALEMANHA, EM 2015.

O POVO INUÍTE VIVE NO ALASCA, UM LUGAR ONDE FAZ MUITO FRIO. ELES VIVEM EM MORADIAS DE MADEIRA, MAS COSTUMAM CONSTRUIR ABRIGOS FEITOS COM BLOCOS DE GELO E NEVE, CHAMADOS IGLUS. OS IGLUS SERVEM PARA PROTEGÊ-LOS DO FRIO ENQUANTO CAÇAM E PESCAM.

IGLU NOS ESTADOS UNIDOS, EM 2013.

MARTIN SIEPMANN/WESTEND61/KEYSTONE BRASIL

ALASKA STOCK/EASYPIX BRASIL

O POVO TUAREGUE VIVE NO DESERTO DO SAARA. OS TUAREGUES SE DESLOCAM CONSTANTEMENTE E MORAM EM TENDAS FEITAS DE COURO SUSTENTADAS POR ESTACAS DE MADEIRA.

TENDA TUAREGUE NO NÍGER, EM 2013.

NA TURQUIA, ALGUMAS PESSOAS CONSTROEM SUAS MORADIAS DENTRO DE ROCHAS. ELAS ESCAVAM AS ROCHAS PARA FORMAR OS CÔMODOS, AS PORTAS E AS JANELAS.

MORADIA ESCAVADA EM ROCHA NA TURQUIA, EM 2016.

1 VOCÊ ACHA QUE É POSSÍVEL CONSTRUIR UM IGLU NO LUGAR ONDE VOCÊ MORA? POR QUÊ?

2 VOCÊ GOSTARIA DE VISITAR UMA MORADIA FLUTUANTE, UM IGLU, UMA TENDA OU UMA MORADIA NA ROCHA? POR QUÊ?

DANIEL ZEPPO

VAMOS CONVERSAR

1. A SUA SALA DE AULA SE PARECE COM A DA IMAGEM?
2. QUAIS ATIVIDADES VOCÊ REALIZA NA SALA DE AULA?
3. VOCÊ ACHA IMPORTANTE IR À ESCOLA? POR QUÊ?

COMPLETE COM AS INFORMAÇÕES DE SUA ESCOLA.

NOME DA ESCOLA: _____

_____

NOME DO PROFESSOR: _____

_____

TURMA: _____

COMO É A SUA ESCOLA?

A ESCOLA TEM DIFERENTES AMBIENTES ONDE PODEMOS REALIZAR MUITAS ATIVIDADES.

PODEMOS, POR EXEMPLO, BRINCAR NO PÁTIO, REALIZAR LEITURAS NA BIBLIOTECA, ESTUDAR NA SALA DE AULA E PRATICAR ESPORTES NA QUADRA.

QUE TAL CONHECER MELHOR OS AMBIENTES DA SUA ESCOLA?

COMO FAZER

1. COM O PROFESSOR E OS COLEGAS, FAÇA UM PASSEIO PELA ESCOLA.

2. DURANTE O PASSEIO, OBSERVE ATENTAMENTE OS DIFERENTES AMBIENTES DA ESCOLA.

3. PREENCHA A FICHA DA PÁGINA SEGUINTE COM AS INFORMAÇÕES SOBRE A SUA ESCOLA.

ARTUR FUJITA

MINHA ESCOLA

1. MARQUE O QUE HÁ NA SUA ESCOLA.

☐ PÁTIO   ☐ LABORATÓRIO

☐ SECRETARIA   ☐ QUADRA DE ESPORTES

☐ CANTINA   ☐ SALA DE VÍDEO

☐ DIRETORIA   ☐ SALA DOS PROFESSORES

☐ BIBLIOTECA   ☐ SALAS DE AULA

☐ REFEITÓRIO   ☐ SALA DE INFORMÁTICA

☐ HORTA   ☐ BANHEIROS

2. HÁ OUTROS AMBIENTES NA SUA ESCOLA? QUAIS?

_____

3. HÁ CESTOS DE LIXO ESPALHADOS PELA ESCOLA?

☐ SIM   ☐ NÃO

PARA RESPONDER

1 DE QUAL AMBIENTE DA SUA ESCOLA VOCÊ MAIS GOSTA?

2 O QUE VOCÊ FAZ NESSE AMBIENTE?

3 QUAIS SÃO OS PROFISSIONAIS QUE TRABALHAM NESSE AMBIENTE? O QUE ELES FAZEM?

CAPÍTULO 1

OS AMBIENTES DA ESCOLA

A IMAGEM A SEGUIR É A REPRESENTAÇÃO DE UMA ESCOLA VISTA DE CIMA. OBSERVE OS AMBIENTES DESSA ESCOLA.

① HORTA   ② QUADRA   ③ PÁTIO   ④ BANHEIRO   ⑤ SALA DE AULA
⑥ BIBLIOTECA   ⑦ SECRETARIA   ⑧ SALA DOS PROFESSORES

HÉLIO SENATORE

1 QUAIS SÃO OS AMBIENTES DESSA ESCOLA?

_____

_____

A BIBLIOTECA

NA **BIBLIOTECA** VOCÊ ENCONTRA LIVROS, REVISTAS E JORNAIS. NELA É POSSÍVEL LER E PESQUISAR SOBRE DIVERSOS TEMAS.

NESSE AMBIENTE, É IMPORTANTE SEGUIR ALGUMAS REGRAS, COMO FAZER SILÊNCIO, NÃO CORRER E MANTER OS LIVROS ORGANIZADOS.

VOCÊ PODE FAZER EMPRÉSTIMOS DE LIVROS E LEVÁ-LOS PARA CASA. ELES FICAM SOB SUA RESPONSABILIDADE. POR ISSO, É PRECISO CUIDAR BEM DELES E DEVOLVÊ-LOS NA DATA COMBINADA.

ARTUR FUJITA

2 QUAIS SÃO AS REGRAS QUE DEVEMOS SEGUIR NO AMBIENTE DA BIBLIOTECA?

_____

3 QUAIS SÃO AS SUAS RESPONSABILIDADES COM OS LIVROS EMPRESTADOS DA BIBLIOTECA?

_____

A QUADRA DE ESPORTES

NA **QUADRA** VOCÊ PODE PRATICAR VÁRIOS ESPORTES E ATIVIDADES FÍSICAS. PRATICAR EXERCÍCIOS FÍSICOS É MUITO IMPORTANTE PARA A SAÚDE.

4 OBSERVE A IMAGEM AO LADO E RESPONDA ÀS QUESTÕES.

- QUE ESPORTE AS CRIANÇAS ESTÃO PRATICANDO?

_____

- QUANTAS CRIANÇAS ESTÃO ATRÁS DA MENINA QUE ESTÁ COM A BOLA?

  ☐ 2   ☐ 3

  ☐ 4   ☐ 5

- QUANTAS CRIANÇAS ESTÃO NA FRENTE DA MENINA QUE ESTÁ COM A BOLA?

  ☐ 2   ☐ 3   ☐ 4   ☐ 5

- COMPLETE A FRASE COM UMA DAS PALAVRAS A SEGUIR.

  DIREITA   ESQUERDA

  A BOLA ESTÁ À _____ DO GOLEIRO DE UNIFORME AZUL.

5 QUAIS ATIVIDADES VOCÊ PRATICA NA QUADRA DE ESPORTES DA SUA ESCOLA?

_____

O PÁTIO

NO **PÁTIO** VOCÊ SE REÚNE COM OS COLEGAS PARA BRINCAR E LANCHAR.

NAS ATIVIDADES REALIZADAS NO PÁTIO VOCÊ PODE CONVERSAR, TROCAR IDEIAS E SE DIVERTIR COM SEUS COLEGAS.

6 OBSERVE O PÁTIO DE UMA ESCOLA E RESPONDA ÀS QUESTÕES.

ARTUR FUJITA

- O QUE AS CRIANÇAS ESTÃO FAZENDO?

_____

- DO QUE ELAS ESTÃO BRINCANDO?

_____

_____

- VOCÊ JÁ SE DIVERTIU COM ESSAS BRINCADEIRAS?
- O QUE VOCÊ COSTUMA FAZER NO PÁTIO DA SUA ESCOLA?

A SALA DE AULA

A **SALA DE AULA** É O AMBIENTE ONDE VOCÊ PASSA A MAIOR PARTE DO TEMPO QUANDO ESTÁ NA ESCOLA.

NA SALA DE AULA, ASSIM COMO EM OUTROS ESPAÇOS QUE SÃO COMPARTILHADOS COM OUTRAS PESSOAS, É PRECISO RESPEITAR ALGUMAS REGRAS DE CONVIVÊNCIA.

7 IMAGINE QUE ESTA É A SUA CARTEIRA NA SALA DE AULA. ESCREVA SEU NOME NELA. EM SEGUIDA, RESPONDA ÀS QUESTÕES.

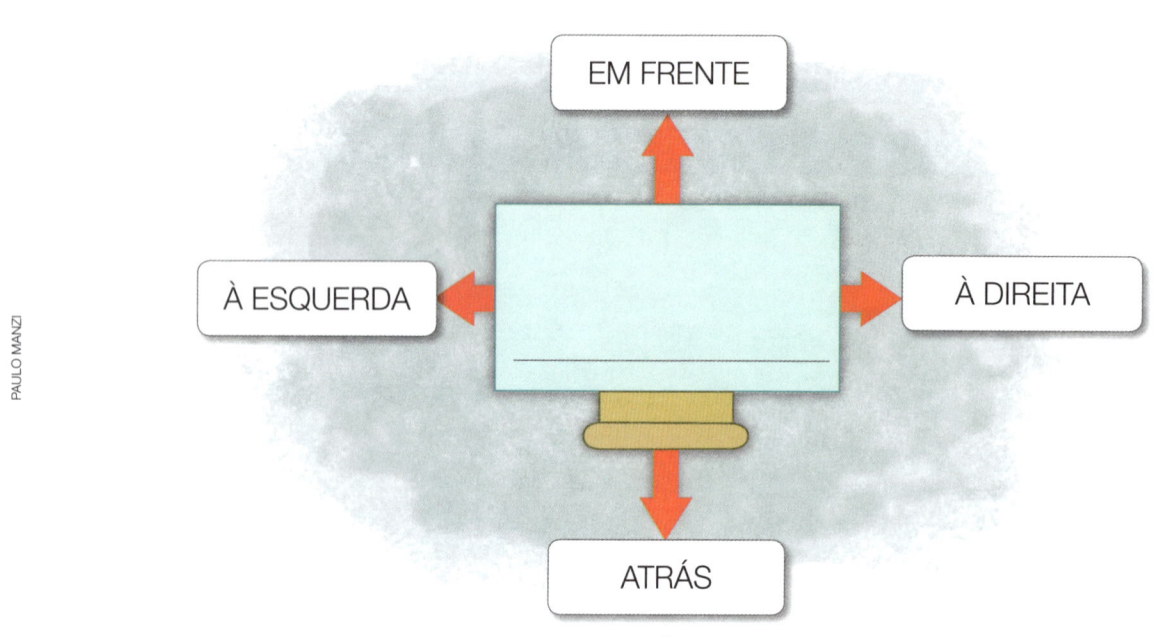

EM FRENTE

À ESQUERDA

À DIREITA

ATRÁS

- QUEM SENTA EM FRENTE A VOCÊ?

_____

- QUEM SENTA ATRÁS DE VOCÊ?

_____

- QUEM SENTA À SUA DIREITA?

_____

- QUEM SENTA À SUA ESQUERDA?

_____

8 CONVERSE COM OS COLEGAS E O PROFESSOR SOBRE AS REGRAS DE CONVÍVIO DA SUA SALA DE AULA.

OBSERVE A SALA DE AULA DE GISELE.

ALEXANDRE DUBIELA

9 NA IMAGEM DA SALA DE AULA, CIRCULE:

- DE VERDE, A CARTEIRA DE GISELE;
- DE AZUL, A CARTEIRA DE VINÍCIUS;
- DE VERMELHO, A CARTEIRA DE GABRIELA.

ATIVIDADE INTERATIVA
AMBIENTES DA ESCOLA

10 AGORA, RESPONDA ÀS QUESTÕES A SEGUIR.

- QUEM SENTA ATRÁS DE GISELE? _____

- QUEM SENTA NA FRENTE DE GISELE? _____

- QUEM SENTA À ESQUERDA DE GISELE? _____

- QUEM SENTA À DIREITA DE GISELE? _____

A ESCOLA TEM HISTÓRIA

AO LONGO DO TEMPO, AS ESCOLAS PASSARAM POR DIVERSAS MUDANÇAS.

PODEMOS OBSERVAR ESSAS MUDANÇAS POR MEIO DOS MATERIAIS ESCOLARES, DOS RELATOS DE PESSOAS E DAS FOTOGRAFIAS DO PASSADO.

11 OBSERVE A FOTOGRAFIA DE UMA SALA DE AULA E RESPONDA ÀS QUESTÕES.

SALA DE AULA EM ESCOLA NO MUNICÍPIO DE SÃO PAULO, NO ESTADO DE SÃO PAULO, EM 1895.

- ESSA FOTOGRAFIA É DE UMA SALA DE AULA DO PASSADO OU DO PRESENTE? COMO VOCÊ SABE?

 • O QUE HÁ DE SEMELHANTE ENTRE A SUA SALA DE AULA E A SALA DA FOTOGRAFIA? E O QUE HÁ DE DIFERENTE?

12 EM GRUPO, PESQUISE ALGUMAS INFORMAÇÕES SOBRE A HISTÓRIA DA SUA ESCOLA. VOCÊS PODEM PESQUISAR:

- ✔ QUANDO A ESCOLA FOI FUNDADA;
- ✔ SE O NOME DA ESCOLA SEMPRE FOI O MESMO;
- ✔ COMO ERAM AS AULAS.

 • HOUVE MUDANÇAS EM SUA ESCOLA AO LONGO DO TEMPO? CONVERSE COM SEUS COLEGAS E O PROFESSOR SOBRE ISSO.

HÁ CERCA DE 70 ANOS, OS UNIFORMES ESCOLARES ERAM DIFERENTES DOS UNIFORMES ATUAIS. TAMBÉM COSTUMAVA HAVER MODELOS DIFERENTES PARA MENINOS E MENINAS.

13 OBSERVE A FOTOGRAFIA E LEIA A LEGENDA. DEPOIS, RESPONDA ÀS QUESTÕES.

ALUNOS E PROFESSORES DO 1º ANO DE UMA ESCOLA NO MUNICÍPIO DE SÃO CAETANO DO SUL, NO ESTADO DE SÃO PAULO, EM 1948.

- O QUE A FOTOGRAFIA MOSTRA?

- QUAL É A DATA DA FOTOGRAFIA?

- COMO ERA O UNIFORME ESCOLAR DOS MENINOS?

- COMO ERA O UNIFORME ESCOLAR DAS MENINAS?

14 COMO É O UNIFORME DA SUA ESCOLA? MARQUE AS RESPOSTAS CORRETAS.

- O USO DE UNIFORME É OBRIGATÓRIO?

  ☐ SIM   ☐ NÃO

- MENINOS E MENINAS USAM UNIFORMES:

  ☐ IGUAIS.   ☐ DIFERENTES.

- EM SUA OPINIÃO, MENINAS E MENINOS DEVEM USAR UNIFORMES IGUAIS OU DIFERENTES? POR QUÊ?

QUEM FAZ PARTE DA ESCOLA?

A ESCOLA É FORMADA POR UMA COMUNIDADE DE PESSOAS. ALUNOS, FAMILIARES, PROFESSORES E OUTROS PROFISSIONAIS TÊM DIFERENTES FUNÇÕES NA ESCOLA.

OS ALUNOS, POR EXEMPLO, ALÉM DE ESTUDAR, SÃO RESPONSÁVEIS POR COLABORAR PARA MANTER A ESCOLA LIMPA E ORGANIZADA.

1 OBSERVE A IMAGEM A SEGUIR E MARQUE AS ATITUDES QUE NÃO COLABORAM PARA MANTER A ESCOLA LIMPA.

ILUSTRAÇÕES: ARTUR FUJITA

Reprodução proibida. Art. 184 do Código Penal e Lei 9.610 de 19 de fevereiro de 1998.

PARA MANTER A ESCOLA LIMPA, É IMPORTANTE JOGAR O LIXO NA LIXEIRA.

2 COMO VOCÊ COLABORA PARA MANTER A ESCOLA LIMPA?

OS FAMILIARES E OUTROS RESPONSÁVEIS PELOS ALUNOS TAMBÉM FAZEM PARTE DA COMUNIDADE ESCOLAR. OBSERVE COMO OS FAMILIARES PODEM PARTICIPAR DAS ATIVIDADES ESCOLARES.

AJUDANDO NA LIÇÃO DE CASA.

INDO ÀS REUNIÕES ESCOLARES.

ILUSTRAÇÕES: ARTUR FUJITA

VISITANDO A FEIRA DE CIÊNCIAS.

LEVANDO AS CRIANÇAS À ESCOLA.

3 QUEM COSTUMA PARTICIPAR DAS ATIVIDADES DA SUA ESCOLA?

4 DE QUAIS ATIVIDADES ESCOLARES SEUS FAMILIARES PARTICIPAM?

5 EM SUA OPINIÃO, É IMPORTANTE QUE OS FAMILIARES PARTICIPEM DAS ATIVIDADES ESCOLARES? CONVERSE COM OS COLEGAS E O PROFESSOR SOBRE ISSO.

O TRABALHO DE VÁRIOS PROFISSIONAIS É IMPORTANTE PARA QUE A ESCOLA FUNCIONE BEM.

VEJA ALGUNS EXEMPLOS DE PROFISSIONAIS QUE TRABALHAM NA ESCOLA.

A FAXINEIRA CUIDA DA LIMPEZA DOS AMBIENTES DA ESCOLA.

O SECRETÁRIO CUIDA DOS DOCUMENTOS ESCOLARES.

A PROFESSORA AJUDA OS ALUNOS A APRENDER.

A DIRETORA É RESPONSÁVEL PELO FUNCIONAMENTO DA ESCOLA.

OS INSPETORES CUIDAM DOS ALUNOS NA HORA DA ENTRADA, DURANTE O RECREIO E NA HORA DA SAÍDA.

O BIBLIOTECÁRIO É RESPONSÁVEL PELA ORGANIZAÇÃO DOS LIVROS DA BIBLIOTECA.

6 COMPLETE O QUADRO COM O NOME DOS PROFISSIONAIS QUE TRABALHAM NA SUA ESCOLA.

PROFISSIONAL	NOME DO PROFISSIONAL
FAXINEIRO	
SECRETÁRIO	
DIRETOR	
INSPETOR	
BIBLIOTECÁRIO	

7 COMO VOCÊ IMAGINA QUE SERIA A ESCOLA SEM O TRABALHO DE CADA PROFISSIONAL? CONVERSE COM OS COLEGAS E O PROFESSOR SOBRE ISSO.

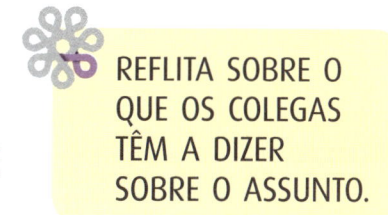

REFLITA SOBRE O QUE OS COLEGAS TÊM A DIZER SOBRE O ASSUNTO.

O TRABALHO NA ESCOLA

SERÁ QUE AS TAREFAS DOS PROFISSIONAIS QUE TRABALHAM NA SUA ESCOLA MUDARAM COM O PASSAR DO TEMPO?

PARA DESCOBRIR ISSO, VOCÊ VAI ENTREVISTAR UM PROFISSIONAL QUE TRABALHA NA ESCOLA HÁ MUITOS ANOS.

COMO FAZER

1. ESCOLHA UM PROFISSIONAL QUE TRABALHE EM SUA ESCOLA HÁ MUITOS ANOS E PERGUNTE SE VOCÊ PODE ENTREVISTÁ-LO.

2. FAÇA AS PERGUNTAS DA FICHA DE ENTREVISTA DA PÁGINA AO LADO. OUÇA COM ATENÇÃO AS RESPOSTAS DO ENTREVISTADO E ANOTE-AS NA FICHA.

FICHA DE ENTREVISTA

1. QUAL É O SEU NOME E A SUA IDADE?

_____

2. QUAL É A SUA PROFISSÃO?

_____

3. QUAIS SÃO AS SUAS TAREFAS NA ESCOLA?

_____

_____

4. DO QUE VOCÊ MAIS GOSTA NO SEU TRABALHO NA ESCOLA?

_____

5. HÁ QUANTO TEMPO VOCÊ TRABALHA NA ESCOLA?

_____

6. O QUE MUDOU NO SEU TRABALHO DURANTE ESSE TEMPO?

_____

_____

7. O QUE MUDOU NA ESCOLA DURANTE ESSE TEMPO?

_____

_____

VANESSA ALEXANDRE

PARA RESPONDER

 O TRABALHO DESSE PROFISSIONAL MUDOU COM O PASSAR DO TEMPO? COMPARTILHE AS RESPOSTAS COM OS COLEGAS E O PROFESSOR.

DE QUE SÃO FEITOS OS OBJETOS ESCOLARES

VOCÊ USA DIVERSOS OBJETOS EM SUAS ATIVIDADES ESCOLARES: LÁPIS, CADERNO, LIVRO, LÁPIS DE COR, BORRACHA E OUTROS.

1 PINTE OS DESENHOS. DEPOIS, CIRCULE QUATRO OBJETOS QUE VOCÊ USA EM SUAS ATIVIDADES ESCOLARES.

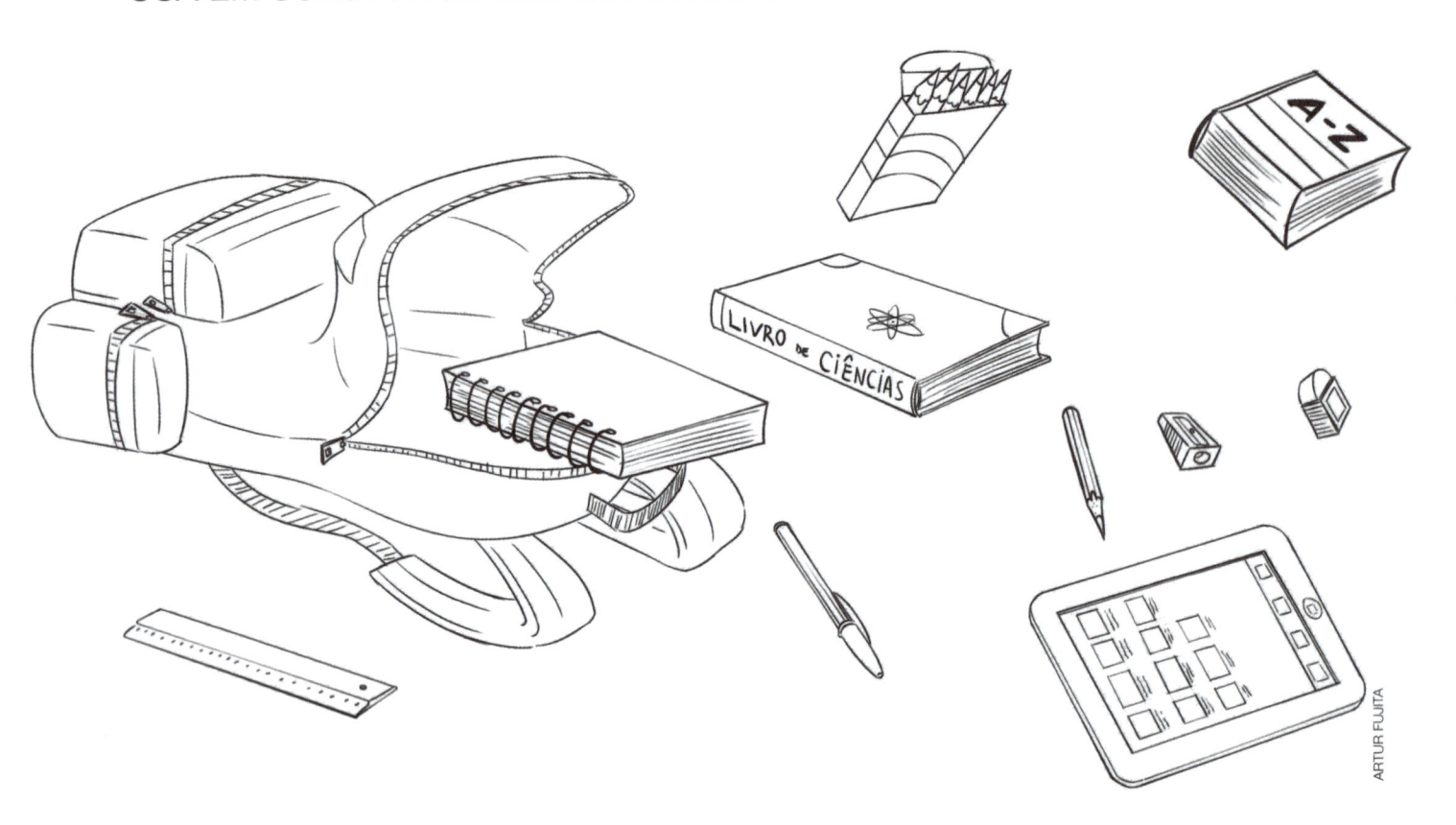

ARTUR FUJITA

• ESCREVA O NOME DOS OBJETOS QUE VOCÊ CIRCULOU.

1. _____

2. _____

3. _____

4. _____

HORA DA LEITURA

• *MEU MATERIAL ESCOLAR*, DE RICARDO AZEVEDO, EDITORA MODERNA.

OBJETOS ESCOLARES DO PASSADO

HÁ CERCA DE 70 ANOS, OS ALUNOS ESCREVIAM COM CANETA DE TINTEIRO E MATA--BORRÃO.

A CANETA DE TINTEIRO UTILIZAVA TINTA FRESCA E O MATA-BORRÃO ABSORVIA O EXCESSO DE TINTA DO PAPEL, EVITANDO MANCHAS.

ATUALMENTE, A CANETA DE TINTEIRO E O MATA-BORRÃO NÃO SÃO MAIS UTILIZADOS PELOS ALUNOS, MAS OUTROS OBJETOS ESCOLARES CONTINUAM SENDO UTILIZADOS.

CANETA DE TINTEIRO.

MATA-BORRÃO.

2 LIGUE OS OBJETOS ESCOLARES COMUNS NO PASSADO AOS SEUS CORRESPONDENTES COMUNS NO PRESENTE.

OBJETOS DO PASSADO

OBJETOS DO PRESENTE

OS OBJETOS ESCOLARES SÃO FEITOS DE DIVERSOS MATERIAIS

DIFERENTES TIPOS DE MATERIAIS SÃO UTILIZADOS PARA A PRODUÇÃO DE OBJETOS ESCOLARES.

CADA MATERIAL APRESENTA CARACTERÍSTICAS PRÓPRIAS. POR EXEMPLO, ALGUNS MATERIAIS SÃO DUROS, OUTROS SÃO MALEÁVEIS; ALGUNS SÃO OPACOS, OUTROS SÃO TRANSPARENTES.

3 OBSERVE OS OBJETOS ESCOLARES QUE VOCÊ ESTÁ USANDO. EM SUA OPINIÃO, DE QUE MATERIAIS ELES SÃO FEITOS?

> SERÁ QUE EXISTEM OUTRAS RESPOSTAS?

ALGUNS OBJETOS ESCOLARES SÃO FEITOS DE **MADEIRA**.

A MADEIRA VEM DAS ÁRVORES. NAS FÁBRICAS, A MADEIRA PASSA POR VÁRIAS ETAPAS PARA SE TRANSFORMAR EM ALGUNS OBJETOS QUE VOCÊ UTILIZA NA ESCOLA, COMO LÁPIS E PAPEL.

4 MARQUE OS OBJETOS FEITOS DE MADEIRA.

BORRACHA.

CADERNO.

TESOURA.

LÁPIS.

CANETA.

LÁPIS DE COR.

OUTROS OBJETOS ESCOLARES SÃO FEITOS DE **METAL**.

O METAL É UM MATERIAL OBTIDO DAS ROCHAS E, EM GERAL, É BRILHANTE E RESISTENTE.

5 CIRCULE OS OBJETOS ESCOLARES FEITOS DE METAL.

TESOURA.

TUBO DE COLA.

CLIPES.

ESTOJO.

CANETINHAS.

6 OBSERVE OUTROS ELEMENTOS PRESENTES NA SALA DE AULA, COMO CARTEIRAS E JANELAS. ESCREVA O NOME DE ALGUNS DELES FEITOS DE METAL.

_____

_____

_____

DIVERSOS OBJETOS ESCOLARES SÃO FEITOS DE **PLÁSTICO**. O PLÁSTICO É OBTIDO DO PETRÓLEO, UM LÍQUIDO ESCURO ENCONTRADO ABAIXO DO SOLO.

ALGUNS TIPOS DE PLÁSTICO SÃO DIFÍCEIS DE DOBRAR, OU SEJA, SÃO RÍGIDOS.

OUTROS TIPOS DE PLÁSTICO PODEM SER DOBRADOS COM FACILIDADE, OU SEJA, SÃO FLEXÍVEIS.

7 PINTE O NOME DOS MATERIAIS FEITOS DE PLÁSTICO QUE VOCÊ USA NA ESCOLA.

PASTA	BORRACHA	CANETA
LÁPIS DE COR	TUBO DE TINTA	GIZ DE CERA
CADERNO	CANETINHAS COLORIDAS	LIVRO

8 LIGUE OS OBJETOS ESCOLARES AO MATERIAL DE QUE SÃO FEITOS.

METAL

PLÁSTICO

MADEIRA

APONTADOR: PICSFIVE/SHUTTERSTOCK; RÉGUA: ALEKSANDER KRSMANOVIC/SHUTTERSTOCK; LÁPIS DE COR: SERGEY SKLEZNEV/SHUTTERSTOCK

• QUAL DESSES OBJETOS É O MAIS RESISTENTE?

_____

• QUAL DESSES OBJETOS É O MAIS FLEXÍVEL?

_____

A ORIGEM DOS MATERIAIS

OS MATERIAIS PODEM TER DIFERENTES ORIGENS:

- **ORIGEM VEGETAL**, COMO MADEIRA, ALGODÃO E PALHA;
- **ORIGEM ANIMAL**, COMO COURO, FIOS DE SEDA E LÃ;
- **ORIGEM MINERAL**, COMO ARGILA, AREIA, ROCHAS E SAL.

9 DESTAQUE OS ADESIVOS DA PÁGINA 175 E COLE-OS NOS QUADROS A SEGUIR, DE ACORDO COM A ORIGEM DE CADA MATERIAL.

ORIGEM VEGETAL

ORIGEM ANIMAL

ORIGEM MINERAL

O DESCARTE DOS MATERIAIS

DEPOIS DE USADOS POR ALGUM TEMPO, OS OBJETOS QUE UTILIZAMOS NO DIA A DIA PODEM SER DESCARTADOS NO LIXO.

PARA GERAR MENOS LIXO, É IMPORTANTE **REPENSAR** NOSSAS ESCOLHAS A RESPEITO DO QUE REALMENTE PRECISAMOS. ASSIM PODEMOS **REDUZIR** A QUANTIDADE DE PRODUTOS QUE COMPRAMOS E **RECUSAR** AQUELES QUE NÃO SÃO NECESSÁRIOS OU QUE GERAM MUITO LIXO.

TAMBÉM PODEMOS **REUTILIZAR** OS OBJETOS OU EMBALAGENS, DANDO NOVAS FUNÇÕES PARA ELES.

SERÁ QUE EU PRECISO DE MAIS UM BRINQUEDO?

FABIO EIJI SIRASUMA

10 JOSÉ FEZ COMPRAS NO MERCADO E COLOCOU UM PRODUTO EM CADA SACOLA.

- MARQUE AS SUGESTÕES QUE VOCÊ DARIA A ELE PARA REDUZIR O CONSUMO DE SACOLAS.

☐ REPENSAR SUA ATITUDE E COLOCAR MAIS PRODUTOS EM UMA MESMA SACOLA.

☐ UTILIZAR SACOLAS RETORNÁVEIS.

☐ RECUSAR PRODUTOS DE QUE NÃO PRECISA E COMPRAR MENOS PRODUTOS.

ATIVIDADE PRÁTICA

PRODUZINDO TINTAS

NESTA ATIVIDADE VOCÊ VAI REUTILIZAR A TINTA DE CANETINHAS HIDROCOR QUE NÃO FUNCIONAM MAIS.

MATERIAL

- ✔ ÁGUA
- ✔ COPOS
- ✔ CANETINHAS HIDROCOR QUE NÃO FUNCIONAM MAIS
- ✔ HASTES FLEXÍVEIS
- ✔ PAPEL SULFITE

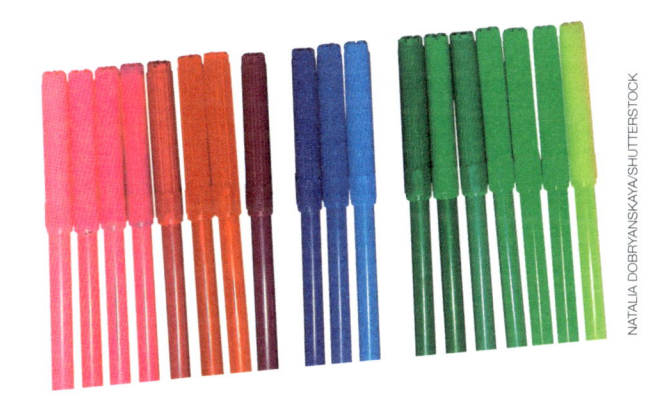

NATALIA DOBRYANSKAYA/SHUTTERSTOCK

COMO FAZER

1. SEPARE AS CANETINHAS POR COR.

2. A CADA TRÊS CANETINHAS DA MESMA COR, COLOQUE MEIO COPO DE ÁGUA.

3. DEIXE AS CANETINHAS DESTAMPADAS COM A PONTA MERGULHADA NA ÁGUA POR DEZ DIAS. DEPOIS, DESCARTE-AS.

4. AS TINTAS ESTÃO PRONTAS!

5. VOCÊ PODE USAR HASTES FLEXÍVEIS PARA MERGULHAR NA TINTA E FAZER DESENHOS EM FOLHAS DE PAPEL. DEIXE OS DESENHOS SECAREM POR CERCA DE DUAS HORAS.

FABIO EIJI SIRASUMA

PARA RESPONDER

POR QUE É IMPORTANTE REUTILIZAR AS CANETINHAS HIDROCOR QUE NÃO FUNCIONAM MAIS? CONVERSE COM OS COLEGAS E O PROFESSOR SOBRE ISSO.

O PLÁSTICO NOS BRINQUEDOS

VOCÊ SABIA QUE O PLÁSTICO QUE VAI PARA O LIXO POLUI O AMBIENTE POR MUITOS ANOS E AFETA A VIDA DE DIVERSOS SERES VIVOS, INCLUINDO OS SERES HUMANOS?

MUITOS BRINQUEDOS SÃO FEITOS DE PLÁSTICO. POR ISSO, QUANDO NÃO QUISER MAIS USAR SEUS BRINQUEDOS, EM VEZ DE JOGÁ-LOS NO LIXO, VOCÊ PODE DOÁ-LOS PARA OUTRAS CRIANÇAS OU TROCÁ-LOS COM OS COLEGAS.

ASSIM VOCÊ CONTRIBUI PARA DIMINUIR A QUANTIDADE DE PLÁSTICO QUE VAI PARA O LIXO, AJUDA A PROTEGER O AMBIENTE E AINDA FAZ OUTRA CRIANÇA FELIZ!

COMPREENDA A LEITURA

1 O QUE ACONTECE COM O PLÁSTICO QUE VAI PARA O LIXO?

_____

_____

_____

2 O QUE VOCÊ FAZ COM OS BRINQUEDOS QUE NÃO USA MAIS?

☐ GUARDA. ☐ TROCA COM OS AMIGOS.

☐ JOGA NO LIXO. ☐ DOA PARA OUTRA CRIANÇA.

3 POR QUE É IMPORTANTE DOAR OU TROCAR OS BRINQUEDOS QUE NÃO USAMOS MAIS?

VAMOS FAZER

QUE TAL PARTICIPAR DE UMA FEIRA DE TROCA DE BRINQUEDOS?

1. COM A AJUDA DE UM FAMILIAR, SEPARE OS BRINQUEDOS QUE VOCÊ NÃO USA MAIS. ELES DEVEM ESTAR EM BOM ESTADO: NÃO PODEM ESTAR QUEBRADOS OU INCOMPLETOS.

2. COMBINE COM OS COLEGAS E O PROFESSOR O DIA DA FEIRA. EM SEGUIDA, LISTEM EM UM CARTAZ AS REGRAS DA FEIRA QUE TODOS DEVEM RESPEITAR.

3. NO DIA COMBINADO, EXPONHAM OS BRINQUEDOS PARA QUE TODOS VEJAM E ESCOLHAM O QUE TROCAR.

4 RESPONDA A RESPEITO DA FEIRA DE TROCA DE BRINQUEDOS:

- QUE BRINQUEDOS VOCÊ LEVOU PARA A FEIRA?

- VOCÊ TROCOU BRINQUEDOS COM OS COLEGAS? QUAIS?

- VOCÊ ACHA QUE ESSE TIPO DE FEIRA AJUDA A PROTEGER O AMBIENTE? POR QUÊ?

A ROTINA NA ESCOLA

NA ESCOLA, VOCÊ CONVIVE COM MUITAS PESSOAS E PODE FAZER NOVOS AMIGOS.

NELA VOCÊ APRENDE, BRINCA, OUVE E CONTA HISTÓRIAS E FAZ MUITAS OUTRAS ATIVIDADES.

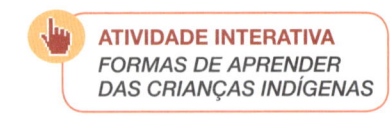

ATIVIDADE INTERATIVA
FORMAS DE APRENDER DAS CRIANÇAS INDÍGENAS

1 OBSERVE A SALA DE AULA DE PEDRO.

VANESSA ALEXANDRE

- QUAIS ATIVIDADES OS ALUNOS ESTÃO REALIZANDO?

_____

_____

- VOCÊ COSTUMA FAZER ESSAS ATIVIDADES NA SUA ESCOLA? E NA SUA CASA?

- HÁ ALGUMA ATIVIDADE QUE VOCÊ FAZ EM CASA E NÃO PODE FAZER NA ESCOLA? QUAL?

O DIA A DIA NA ESCOLA

VOCÊ PASSA PARTE DO SEU DIA NA ESCOLA.

2 EM QUAL PERÍODO DO DIA VOCÊ VAI PARA A ESCOLA?

☐ MANHÃ   ☐ TARDE   ☐ NOITE

3 PINTE DE AZUL OS DIAS DA SEMANA EM QUE VOCÊ VAI À ESCOLA.

| DOMINGO | SEGUNDA-FEIRA | TERÇA-FEIRA | QUARTA-FEIRA |

| QUINTA-FEIRA | SEXTA-FEIRA | SÁBADO |

- AGORA, PINTE DE VERDE OS DIAS DA SEMANA EM QUE VOCÊ NÃO VAI À ESCOLA.

- DESENHE O QUE VOCÊ FAZ NOS DIAS EM QUE NÃO VAI À ESCOLA.

WEBERSON SANTIAGO

NA ROTINA ESCOLAR, ALGUNS MOMENTOS SE REPETEM TODOS OS DIAS, COMO A ENTRADA, A HORA DO LANCHE, O RECREIO E A SAÍDA.

4 OBSERVE A AGENDA ESCOLAR DE DANILO. ELA MOSTRA COMO É UM DIA DELE NA ESCOLA.

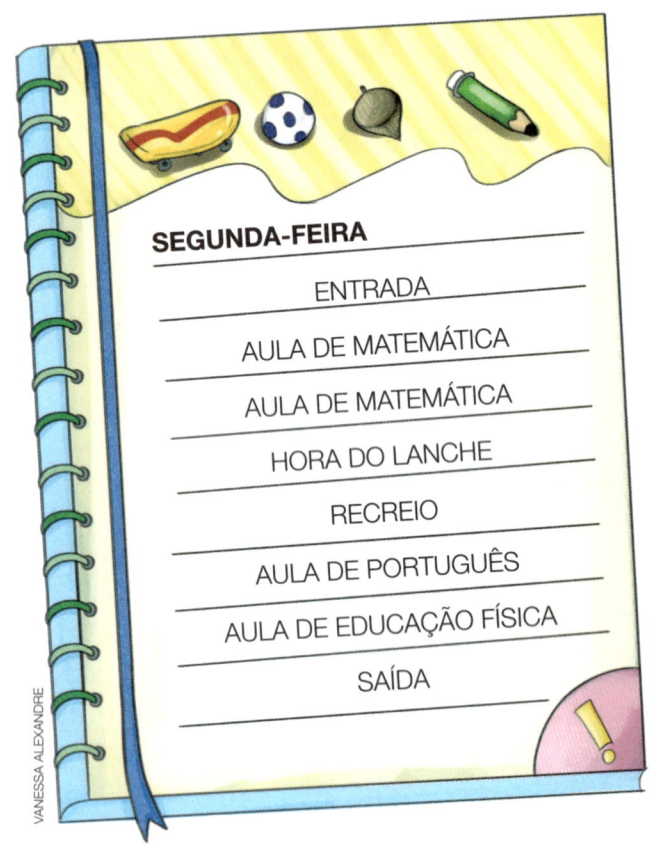

SEGUNDA-FEIRA

ENTRADA

AULA DE MATEMÁTICA

AULA DE MATEMÁTICA

HORA DO LANCHE

RECREIO

AULA DE PORTUGUÊS

AULA DE EDUCAÇÃO FÍSICA

SAÍDA

VANESSA ALEXANDRE

- QUAL É O DIA DA SEMANA MOSTRADO NA AGENDA?

_____

- QUAIS SÃO AS AULAS QUE DANILO TEM NESSE DIA?

_____

_____

_____

- CIRCULE NA AGENDA DE DANILO OS MOMENTOS QUE SE REPETEM TODOS OS DIAS NA ESCOLA.

- QUAIS SÃO AS ATIVIDADES QUE VOCÊ REALIZA NA ESCOLA NA SEGUNDA-FEIRA?

_____

_____

- QUAIS MOMENTOS SE REPETEM TODOS OS DIAS NA SUA ESCOLA?

_____

_____

_____

HORA DO LANCHE

A HORA DO LANCHE É UM MOMENTO NA ROTINA ESCOLAR PARA SE ALIMENTAR E CONVERSAR COM OS COLEGAS. O LANCHE É UMA IMPORTANTE REFEIÇÃO QUE VOCÊ E SEUS COLEGAS FAZEM NA ESCOLA.

ALGUMAS CRIANÇAS COMEM O LANCHE SERVIDO PELA ESCOLA. OUTRAS CRIANÇAS COMEM O LANCHE QUE TRAZEM DE CASA.

A HORA DO LANCHE NA ESCOLA DE ISABELA.

5 DESENHE UM ALIMENTO QUE VOCÊ COSTUMA COMER NA HORA DO LANCHE. DEPOIS, ESCREVA O NOME DESSE ALIMENTO.

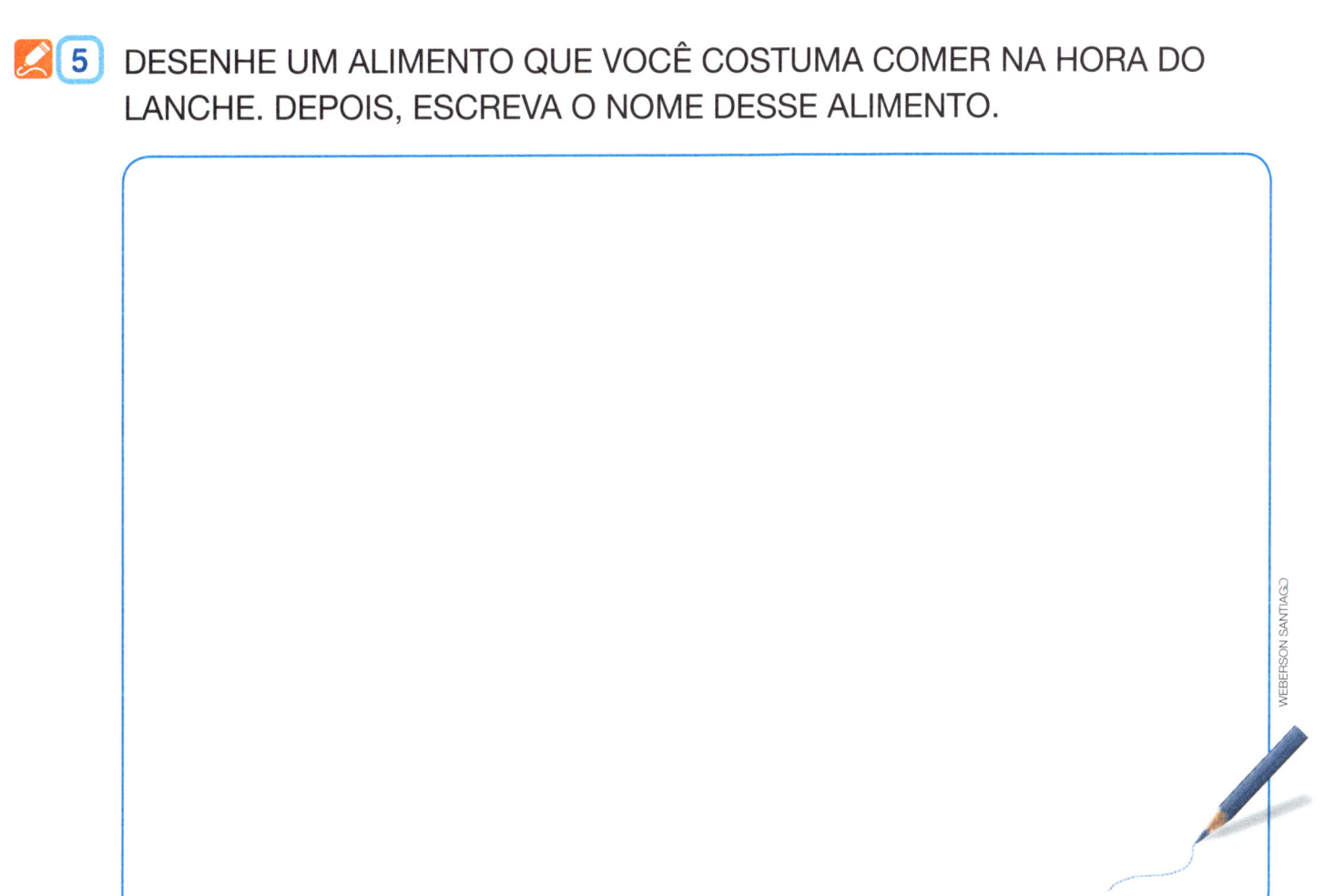

É IMPORTANTE CONSUMIR ALIMENTOS SAUDÁVEIS NA HORA DO LANCHE E EM TODAS AS OUTRAS REFEIÇÕES.

ALIMENTOS SAUDÁVEIS NOS AJUDAM A CRESCER FORTES E A NOS MANTER DISPOSTOS.

PARA TER UMA ALIMENTAÇÃO SAUDÁVEL, É NECESSÁRIO VARIAR OS ALIMENTOS E NÃO COMER COM FREQUÊNCIA SALGADINHOS, DOCES E REFRIGERANTES.

6 OBSERVE OS ALIMENTOS A SEGUIR. DEPOIS, FAÇA O QUE SE PEDE.

bar
y

- CIRCULE DE VERDE OS ALIMENTOS SAUDÁVEIS.

- CIRCULE DE VERMELHO OS ALIMENTOS QUE NÃO SE DEVEM COMER COM FREQUÊNCIA.

7 OBSERVE A IMAGEM A SEGUIR E FAÇA O QUE SE PEDE.

- LISTE OS ALIMENTOS QUE VOCÊ IDENTIFICA NA IMAGEM.

_____

_____

_____

_____

_____

- ENCONTRE NO DIAGRAMA ALGUNS DOS ALIMENTOS QUE VOCÊ IDENTIFICOU NA IMAGEM.

X	E	S	B	E	T	E	R	R	A	B	A	M	G	E	S
G	E	M	X	O	Y	B	A	T	A	T	A	R	H	E	M
V	S	O	A	L	I	M	T	O	M	A	T	E	V	Y	O
L	X	Z	L	A	P	E	P	I	N	O	A	N	L	R	Y
C	R	T	C	O	U	V	E	-	F	L	O	R	C	R	T
C	E	N	O	U	R	A	T	C	P	A	J	O	W	Z	L
V	B	Q	O	B	R	Ó	C	O	L	I	S	K	V	B	X

- QUAIS ALIMENTOS QUE APARECEM NA IMAGEM VOCÊ COSTUMA COMER?

_____

- EM SUA OPINIÃO, OS ALIMENTOS QUE APARECEM NA IMAGEM SÃO SAUDÁVEIS?

DATAS COMEMORATIVAS

COMO VOCÊ VIU, ALGUMAS ATIVIDADES SE REPETEM TODOS OS DIAS NA ESCOLA. MAS HÁ ATIVIDADES QUE SE REPETEM A CADA SEMANA, A CADA MÊS OU A CADA ANO.

MUITAS FESTAS E COMEMORAÇÕES OCORREM SOMENTE UMA VEZ POR ANO. ELAS SÃO CHAMADAS DE **DATAS COMEMORATIVAS**.

8 OBSERVE O CALENDÁRIO A SEGUIR E FAÇA O QUE SE PEDE.

2019

JANEIRO

D	S	T	Q	Q	S	S
	1	2	3	4	5	
6	7	8	9	10	11	12
13	14	15	16	17	18	19
20	21	22	23	24	25	26
27	28	29	30	31		

FEVEREIRO

D	S	T	Q	Q	S	S
					1	2
3	4	5	6	7	8	9
10	11	12	13	14	15	16
17	18	19	20	21	22	23
24	25	26	27	28		

MARÇO

D	S	T	Q	Q	S	S
					1	2
3	4	5	6	7	8	9
10	11	12	13	14	15	16
17	18	19	20	21	22	23
24/31	25	26	27	28	29	30

ABRIL

D	S	T	Q	Q	S	S
	1	2	3	4	5	6
7	8	9	10	11	12	13
14	15	16	17	18	19	20
21	22	23	24	25	26	27
28	29	30				

MAIO

D	S	T	Q	Q	S	S
		1	2	3	4	
5	6	7	8	9	10	11
12	13	14	15	16	17	18
19	20	21	22	23	24	25
26	27	28	29	30	31	

JUNHO

D	S	T	Q	Q	S	S
						1
2	3	4	5	6	7	8
9	10	11	12	13	14	15
16	17	18	19	20	21	22
23/30	24	25	26	27	28	29

JULHO

D	S	T	Q	Q	S	S
	1	2	3	4	5	6
7	8	9	10	11	12	13
14	15	16	17	18	19	20
21	22	23	24	25	26	27
28	29	30	31			

AGOSTO

D	S	T	Q	Q	S	S
				1	2	3
4	5	6	7	8	9	10
11	12	13	14	15	16	17
18	19	20	21	22	23	24
25	26	27	28	29	30	31

SETEMBRO

D	S	T	Q	Q	S	S
1	2	3	4	5	6	7
8	9	10	11	12	13	14
15	16	17	18	19	20	21
22	23	24	25	26	27	28
29	30					

OUTUBRO

D	S	T	Q	Q	S	S
		1	2	3	4	5
6	7	8	9	10	11	12
13	14	15	16	17	18	19
20	21	22	23	24	25	26
27	28	29	30	31		

NOVEMBRO

D	S	T	Q	Q	S	S
					1	2
3	4	5	6	7	8	9
10	11	12	13	14	15	16
17	18	19	20	21	22	23
24	25	26	27	28	29	30

DEZEMBRO

D	S	T	Q	Q	S	S
1	2	3	4	5	6	7
8	9	10	11	12	13	14
15	16	17	18	19	20	21
22	23	24	25	26	27	28
29	30	31				

- CIRCULE NO CALENDÁRIO A DATA DO SEU ANIVERSÁRIO. DEPOIS, PINTE A SEMANA EM QUE ELE ACONTECE.

- QUAIS SÃO OS MESES EM QUE VOCÊ VAI À ESCOLA?

- QUAIS SÃO OS MESES EM QUE VOCÊ ESTÁ DE FÉRIAS?

- QUANTO TEMPO FALTA PARA AS FÉRIAS?

EM DIAS: _____ EM SEMANAS: _____ EM MESES: _____

AS DATAS COMEMORATIVAS PODEM SER CELEBRADAS NA ESCOLA OU EM CASA, COM A FAMÍLIA.

A FESTA JUNINA É UMA COMEMORAÇÃO QUE OCORRE UMA VEZ POR ANO NA ESCOLA.

9 DE ACORDO COM A LEGENDA, PINTE AS DATAS COMEMORATIVAS.

▢ DATAS COMEMORADAS NA ESCOLA

▢ DATAS COMEMORADAS EM FAMÍLIA

▢ DATAS COMEMORADAS NA ESCOLA E EM FAMÍLIA

| DIA MUNDIAL DA ÁGUA | NATAL | DIA DAS MÃES |

| ANO-NOVO | DIA DAS CRIANÇAS | DIA DO PROFESSOR |

- CONSULTE EM UM CALENDÁRIO QUANDO AS DATAS COMEMORATIVAS SÃO FESTEJADAS.

ANO-NOVO: ☐ / ☐   DIA MUNDIAL DA ÁGUA: ☐ / ☐

DIA DAS CRIANÇAS: ☐ / ☐   DIA DO PROFESSOR: ☐ / ☐

- AS DATAS COMEMORATIVAS TÊM DIFERENTES SIGNIFICADOS. EM SUA OPINIÃO, POR QUE SE COMEMORA O DIA MUNDIAL DA ÁGUA?

DIA DO LIVRO INFANTIL

NO DIA **18 DE ABRIL**, É COMEMORADO O DIA DO LIVRO INFANTIL. ESSE DIA FOI ESCOLHIDO EM HOMENAGEM A MONTEIRO LOBATO, UM ESCRITOR DE LIVROS INFANTIS, QUE FAZIA ANIVERSÁRIO NESSA DATA.

10 ESCREVA O NOME DE UM LIVRO DE QUE VOCÊ GOSTA.

- CONTE AOS COLEGAS QUAL É A HISTÓRIA DESSE LIVRO.

- DESENHE A SUA PARTE PREFERIDA DA HISTÓRIA DESSE LIVRO.

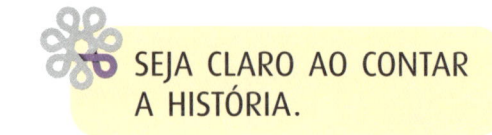

SEJA CLARO AO CONTAR A HISTÓRIA.

WEBERSON SANTIAGO

DIA DO AMIGO

EXISTE UMA DATA EM QUE SE COMEMORA O DIA DO AMIGO. É O DIA **20 DE JULHO**.

OS AMIGOS SÃO PESSOAS COM QUEM FAZEMOS MUITAS ATIVIDADES, COMO BRINCAR, PASSEAR E CONVERSAR.

11 PREENCHA A FICHA A SEGUIR COM AS INFORMAÇÕES DE UM AMIGO.

FICHA DO AMIGO

- NOME: _____

- DIA DO ANIVERSÁRIO: _____

- IDADE: _____

- COR PREFERIDA:

  ☐ AMARELO.   ☐ LARANJA.   ☐ ROSA.

  ☐ VERDE.   ☐ VERMELHO.   ☐ AZUL.

  ☐ OUTRA. QUAL? _____

- ANIMAL PREFERIDO: _____

- BRINQUEDO PREFERIDO: _____

- COMIDA PREFERIDA: _____

- O QUE VOCÊ E SEU AMIGO GOSTAM DE FAZER JUNTOS?

  _____

  _____

DANIEL KLEIN

O CAMINHO CASA-ESCOLA

NO CAMINHO DE SUA CASA ATÉ A ESCOLA, VOCÊ PASSA POR VÁRIOS LOCAIS E RUAS DIFERENTES.

NA IMAGEM A SEGUIR, OBSERVE A LINHA AZUL. ELA MOSTRA O CAMINHO QUE BRUNO FAZ DA CASA DELE ATÉ A ESCOLA.

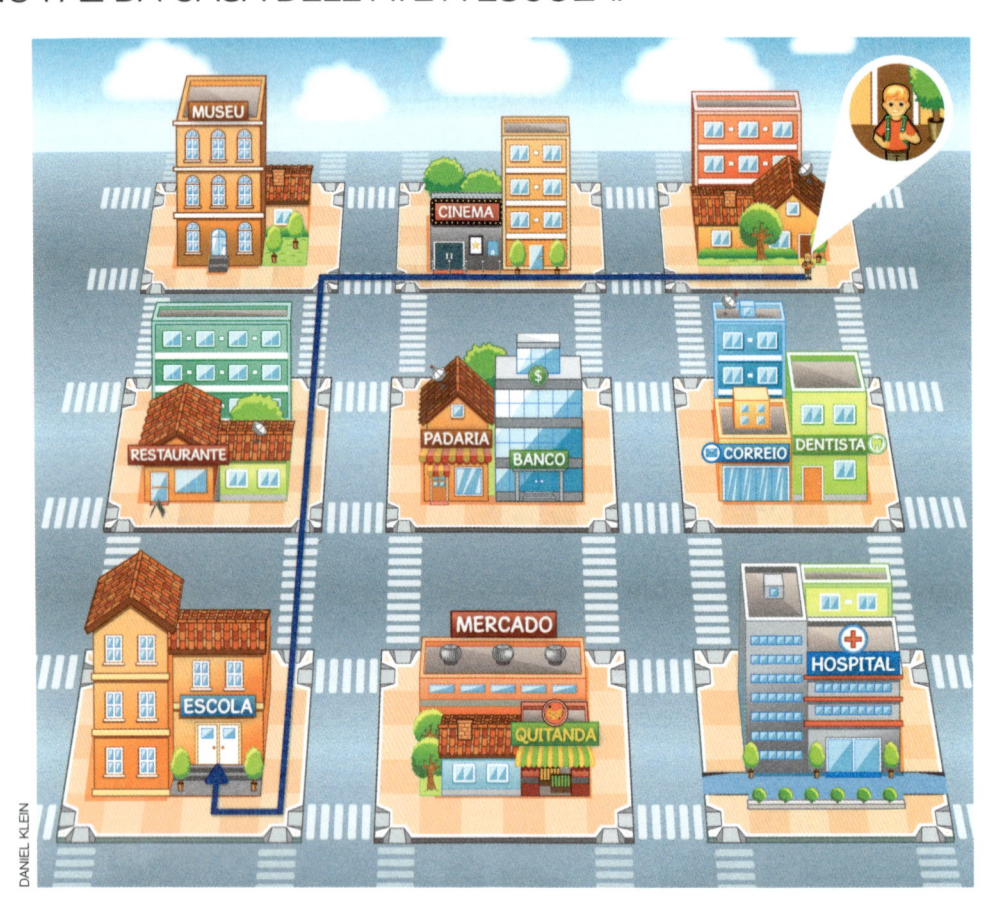

DANIEL KLEIN

12 MARQUE OS LOCAIS POR ONDE BRUNO PASSA.

☐ HOSPITAL   ☐ QUITANDA   ☐ CINEMA

☐ CORREIO   ☐ DENTISTA   ☐ BANCO

13 NA IMAGEM ACIMA, TRACE OUTRO CAMINHO QUE BRUNO PODERIA FAZER PARA IR DA CASA DELE ATÉ A ESCOLA.

- POR QUAIS LOCAIS ELE PASSARIA NESSE CAMINHO?

_____

_____

VOCÊ JÁ PRESTOU ATENÇÃO NO CAMINHO QUE FAZ PARA CHEGAR À ESCOLA?

14 DESENHE O CAMINHO QUE VOCÊ FAZ DA SUA CASA ATÉ A ESCOLA E INDIQUE OS LOCAIS POR ONDE VOCÊ PASSA.

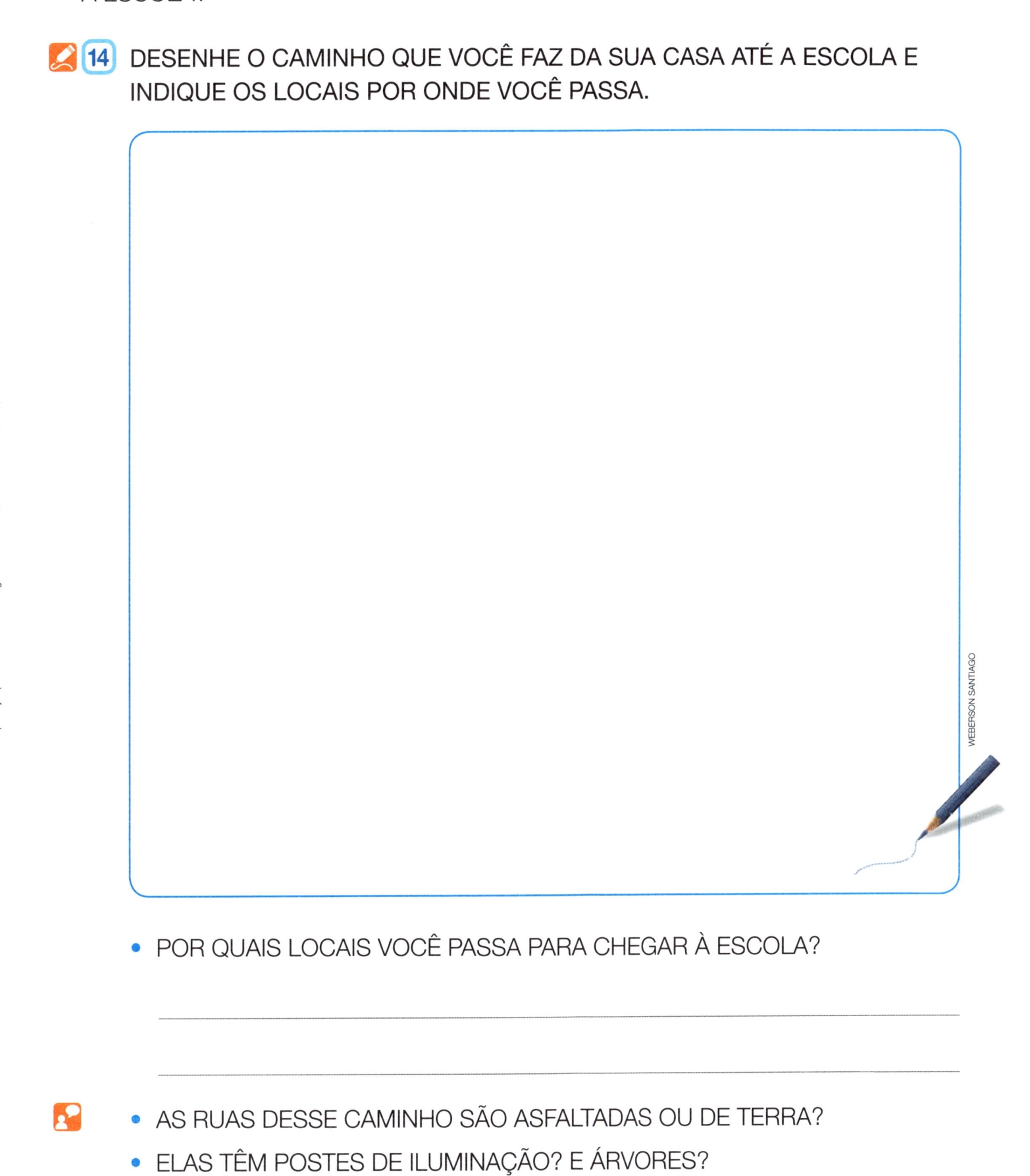

WEBERSON SANTIAGO

- POR QUAIS LOCAIS VOCÊ PASSA PARA CHEGAR À ESCOLA?

_____

_____

- AS RUAS DESSE CAMINHO SÃO ASFALTADAS OU DE TERRA?
- ELAS TÊM POSTES DE ILUMINAÇÃO? E ÁRVORES?

A HORA DO LANCHE PELO MUNDO

EM CADA LUGAR DO MUNDO O LANCHE CONSUMIDO NA ESCOLA É DIFERENTE.

QUE TAL CONHECER O LANCHE DE ALGUMAS ESCOLAS NO MUNDO?

NA RÚSSIA, AS CRIANÇAS COSTUMAM TOMAR SOPA DE BETERRABA E COMER CARNE COM CEREAIS COZIDOS DURANTE O LANCHE.

NOS ESTADOS UNIDOS, É COMUM AS CRIANÇAS COMEREM *PIZZA* E FRUTAS E TOMAREM LEITE NA HORA DO LANCHE.

FOTOS: YVONNE DUIVENVOORDEN

NA ÍNDIA, É COMUM AS CRIANÇAS COMEREM UMA MISTURA DE ARROZ COM LENTILHAS DURANTE O LANCHE.

NO JAPÃO, AS CRIANÇAS COSTUMAM TOMAR SOPA FEITA COM SOJA, COMER PEIXE, ARROZ, PEPINOS E FRUTAS NA HORA DO LANCHE.

NO PERU, AS CRIANÇAS COSTUMAM LEVAR O PRÓPRIO LANCHE PARA A ESCOLA. ELAS COMEM ENSOPADO DE GRÃOS, BATATA E MILHO, ACOMPANHADO DE PEDAÇOS DE CARNE.

FOTOS: YVONNE DUIVENVOORDEN

1 EM QUAL LANCHE HÁ ALIMENTOS QUE NÃO DEVEM SER CONSUMIDOS COM FREQUÊNCIA?

2 O LANCHE QUE VOCÊ CONSOME EM SUA ESCOLA É PARECIDO COM ALGUM DESSES?

DESENHE A PEÇA PRETA QUE COBRE
O SEU QUADRADO.

NOME: _____

IDADE: _____

ESCREVA A DATA DO SEU ANIVERSÁRIO.

DIA: _____   MÊS: _____   ANO: _____

O NOME DO SEU MELHOR AMIGO É: _____

PINTE O QUADRINHO COM A COR DOS SEUS CABELOS.

PINTE O QUADRINHO COM A COR DOS SEUS OLHOS.

DESENHE SUA
FRUTA PREFERIDA.

DESENHE SEU
ANIMAL PREFERIDO.

PINTE AS PALAVRAS QUE MOSTRAM COMO VOCÊ É.

FALANTE	CALADO	CALMO
AGITADO	TÍMIDO	CARINHOSO

MACACO

PERCORRE AS FLORESTAS
ATRÁS DE ALIMENTO
DURANTE O DIA.

TAPITI

ESSE TIPO DE COELHO FICA EM
SUA TOCA DURANTE O DIA E, À
NOITE, SAI PARA SE ALIMENTAR.

MORCEGO

SAI À PROCURA DE ALIMENTO
DURANTE A NOITE.

ABELHA

DURANTE O DIA, VOA À
PROCURA DE FLORES E, À
NOITE, RETORNA À COLMEIA.

LAGARTO

DURANTE O DIA, SAI À PROCURA DE ALIMENTO.

CORUJA

ALIMENTA-SE DE PEQUENOS ANIMAIS QUE CAÇA DURANTE A NOITE.

TUCANO

DURANTE O DIA, VOA À PROCURA DE ALIMENTO.

CACHORRO-DO-MATO

DURANTE A NOITE, SAI SOZINHO À CAÇA DE ALIMENTOS.

SAPATOS DE COURO.

BANCO DE MADEIRA.

ESCULTURA DE ROCHA.

CESTO DE PALHA.

VASO DE ARGILA.

LUVAS DE LÃ.